Kai Ruhsert

Der Elektroauto-Schwindel

Wie Greenwashing-Studien die Energiewende verzögern

Der Elektroauto-Schwindel

Kai Ruhsert

Impressum

Bibliografische Information der Deutschen Nationalbibliothek:
Die Deutsche Nationalbibliothek verzeichnet diese Publikation in der Deutschen Nationalbibliografie; detaillierte bibliografische Daten sind im Internet über http://dnb.dnb.de abrufbar.

© 2022 Kai Ruhsert - Zweite Auflage

Herstellung und Verlag: BoD – Books on Demand, Norderstedt

ISBN: 9783756201549

Das Foto auf der Umschlagseite zeigt die Ladeklappe eines Tesla Model 3 und wurde commons.wikimedia.org entnommen. Urheber ist Steve Jurvetson aus Menlo Park, USA. Die Datei ist unter der Creative-Commons-Lizenz „Namensnennung 2.0 generisch" (US-amerikanisch) lizenziert.
URL: https://commons.wikimedia.org/wiki/File:Tesla_Model_3_Charging_(35418233244).jpg

Danken möchte ich

- meiner Frau Eva, deren Einwände sehr zur besseren Verständlichkeit beitrugen
- meinem Bruder Sven für die kritische Durchsicht
- Freunden für ihre Anmerkungen und
- den von mir befragten Wissenschaftlern für Antworten, die auf die eine oder andere Weise immer aufschlussreich waren

Der Kommentar von Dieter Teufel auf dem Buchumschlag bezieht sich auf die erste Auflage des Buches, das noch nicht das Kapitel „Ausblick in die Zukunft" enthält. Alle weiteren Änderungen sind marginaler Natur.

Hinweise zum Gebrauch des Buches:

- Fußnoten werden mit hochgestellten Ziffern durchgezählt (z.B [9])
- Quellen sind mit abwärts gerichteten Pfeilen und hochgestellten Ziffern markiert (z.B. [↓10]). Die Nummern geben die Position im Quellenverzeichnis auf den letzten Seiten des Buches an.

Inhalt

1. Zusammenfassung

- Die Klimabilanz batteriebetriebener Elektroautos wird von Studien gleichen wissenschaftlichen Anspruchs gegensätzlich bewertet

- Günstige Bewertungen ergeben sich nur mit Luftbuchungen, d.h. indem Strom aus Erneuerbaren Energien (EE) bilanztechnisch doppelt verbraucht werden darf: Einmal von den bisherigen Stromverbrauchern und ein weiteres Mal von Elektroautos. Eine Sichtung ergab 18 Studien ohne und 62 mit Doppelverbuchung von EE. In neun weiteren Publikationen wird grüner Strom dem öffentlichen Netz rechnerisch entzogen und exklusiv den Elektroautos zugeordnet.

  80 Prozent der Studien dienen somit dem Greenwashing der Elektromobilität.

- Die in den Studien angewandten Bilanzierungstricks folgen den Empfehlungen politischer Gremien zur Markteinführung des Elektroautos, die teilweise Gesetzeskraft erlangten

- Alle Studien fordern den verstärkten Ausbau von EE; die Greenwashing-Studien verschweigen jedoch, dass Elektroautos als zusätzliche Stromverbraucher die Ökostromquote senken

- In der jetzigen Phase der Energiewende erhöhen Elektroautos den CO_2-Ausstoß des Individualverkehrs. Beinahe sofort verfügbare, sparsamere Autos mit Verbrennungsmotoren oder serielle Hybridfahrzeuge würden hingegen eine rasche Verringerung ermöglichen.

- Die Elektromobilität ist frühestens dann klimaneutral, wenn der Differenzstrom für zusätzliche Verbraucher aus erneuerbaren Energien produziert wird - was nicht vor Mitte dieses Jahrhunderts der Fall sein wird

- Die Förderung der Elektroautos behindert und bremst die Energiewende, weil diese Mittel bei der Finanzierung sinnvoller Maßnahmen fehlen und der Zusatzstrombedarf die Abschaltung der fossilen Kraftwerke verzögert

- Da Elektroautos nichts dazu beitragen, die Treibhausgasemissionen zu senken, kann die staatliche Förderung nicht mit Umweltvorteilen begründet werden

Batteriebetriebene Elektroautos werden in keiner Phase der Energiewende eine bessere Klimabilanz als Autos mit Verbrennungsmotoren haben:

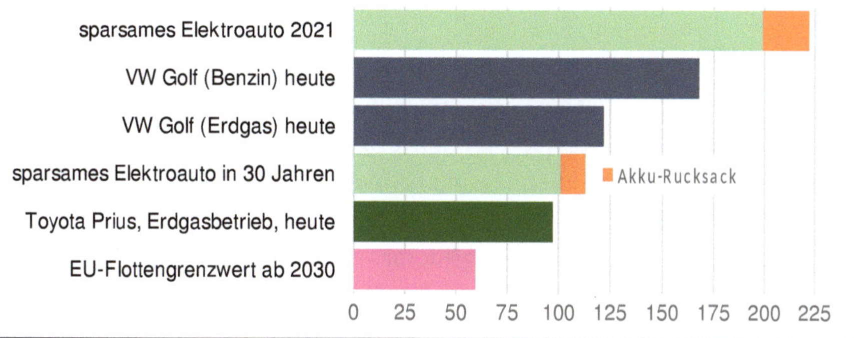

Abbildung 1: CO$_2$-Emissionen in den verschiedenen Phasen der Energiewende [g CO$_2$/km]

Anmerkungen: [1]

- Die oberen drei Balken stellen den heutigen Zustand dar: Elektroautos verursachen wegen des fossilen Strommix sehr hohe Treibhausgasemissionen.

- Der vierte Balken zeigt an, wie stark die Treibhausgasemissionen der Elektroautos sinken, wenn Kohle- durch Erdgaskraftwerke ersetzt werden. Verbrauchsoptimierte Autos mit Verbrennungsmotoren (wie der dunkelgrün eingefärbte Toyota Prius mit Erdgasbetrieb; ein Experimentalfahrzeug, das in kürzester Zeit serienreif sein könnte) erreichen dieses Niveau schon heute.

- Die Farbe rosa markiert eine Kuriosität: 2030 tritt ein EU-Flottengrenzwert in Kraft, der mit gar keiner Antriebsart eingehalten werden kann (59,4 g/km).

- Das batteriebetriebene Elektroauto wird auch nach der Entfossilisierung der gesamten Energieversorgung keinen Klimavorteil haben, weil die Verbrennungsmotoren dann mit emissionsfreiem synthetischem Kraftstoff betrieben werden.

---

1   Die Fahrzeugverbräuche wurden spritmonitor.de entnommen; das Elektroauto ist ein Hyuandai Ioniq; zum Toyota Prius siehe Kap. „Subventionen für höhere Treibhausgasemissionen"; zu den Treibhausgasemissionen siehe Kapitel „Plausible CO$_2$-Bilanzen"

2. Glossar

BEV	Battery Electric Vehicle = Batterieelektrisches Auto
EE	Erneuerbare Energien[2]
EEG	Erneuerbare-Energie-Gesetz
E-Fuel	Mit elektrischem Strom erzeugter synthetischer Kraftstoff
FCEV	Fuel Cell Vehicle = Brennstoffzellenauto
IEKP	Integriertes Energie- und Klimaprogramm
ICEV	Internal Combustion Engine Vehicle = Auto mit Verbrennungsmotor
PJ	Energieeinheit: 1 Petajoule = 0,277778 TWh
PtG	Erzeugung von Brenngas (z.B. Wasserstoff, Ammoniak oder Methan) per Elektrolyse und nachfolgender Synthese
PtL	Erzeugung flüssiger E-Fuels per Elektrolyse und nachfolgender Synthese
Synfuel	= E-Fuel
Tank-to-Wheel	Energiewirkkette vom Tank oder der Ladesäule bis zum Antriebsrad
Well-to-Wheel	Gesamte Energiewirkkette incl. Gewinnung und Bereitstellung der Antriebsenergie

---

2 Damit hat sich ein physikalisch falscher Begriff durchgesetzt. Energie kann nur umgewandelt, aber nicht „erneuert" werden. Gemeint sind de facto unerschöpfliche Energiequellen.

3. Intro

Am 18. Mai 2016 hatte die Bundesregierung Maßnahmen zur Förderung der Elektromobilität mit einem Investitionsvolumen von knapp unter einer Milliarde Euro beschlossen. [11] Drei Jahre später riefen Automobilunternehmen nach immer mehr staatlichen Subventionen für Elektroautos:

> *„Auf der IAA stellt Volkswagen-Chef Diess den ersten rein elektrischen VW vor – und fordert viel mehr Staatsgeld für Elektroautos." [12]*

Auch der europäische Herstellerverband ACEA fordert die EU-Staaten zu einer *„dramatischen Erhöhung von Investitionen in die Ladeinfrastruktur"* auf. In allen EU-Staaten müsse es ausreichend Anreize wie Kaufprämien geben. [13]

Die Förderung wurde kräftig ausgebaut: [14]

> *„Bis zum Jahr 2023 will die Bundesregierung Elektromobilität mit 9,3 Milliarden Euro fördern."*

2022 bezifferten Ökonomen der Deutschen Bank die Kosten für den Staat über die gesamte Nutzungsdauer auf bis zu 22.000 Euro je Mittelklasse-Fahrzeug. [15] Prof. Dr. Peter Hoberg von der Hochschule Worms schaute noch genauer hin und entdeckte zusätzliche versteckte Subventionen in Höhe von über 18.000 € je Fahrzeug. [6]

Der Einsatz von Steuergeldern sollte einen nachweisbaren Nutzen für die Allgemeinheit haben. Von Elektroautos wird behauptet, sie trügen zur Verringerung der CO_2-Emissionen[3] bei. Stimmt das?

4. E-Auto-Studien: Der Mehrheits-Konsens

Die meisten Wissenschaftler bescheinigen BEV Klimavorteile. Das Fraunhofer-Institut für System- und Innovationsforschung (ISI) stellte z.B. im März 2019 fest: [17]

> *„Die Ergebnisse zeigen für alle drei Fahrzeugklassen und alle unterstellten Szenarien eine sehr deutlich positive THG-Gesamtbilanz von Elektrofahrzeugen."*

Das IFEU-Institut kam im April 2019 zu ähnlichen Schlussfolgerungen: [18]

> *„In allen untersuchten Fällen hat das Elektroauto über den gesamten Lebensweg einen Klimavorteil gegenüber dem Verbrenner."*

Da wundert es nicht, dass das Bundesumweltministerium mit diesem Argument zum Kauf ermuntert: [19]

---

3   Der Begriff CO_2-Emissionen meint in diesem Buch immer das Treibhauspotential CO_{2e}

„Die Analyse der Klimabilanz … zeigt, dass die Treibhausgasemissionen eines rein batterieelektrischen Fahrzeugs (kurz: Elektroauto) selbst unter Berücksichtigung des deutschen Strommix geringer ausfallen als bei vergleichbaren Fahrzeugen mit Verbrennungsmotor, und das schon für ein heute gekauftes Fahrzeug."

Es beruft sich auf eine Behörde:

„Bei der Beantwortung dieser Fragen und der Erstellung der Analyse hat das Umweltbundesamt fachlich unterstützt."

Auch der ADAC verkündete schließlich in millionenfacher Auflage: [110]

„In der Kompaktklasse hat das Elektroauto auch bei Nutzung des deutschen Strommix mit 150 g CO_2/km die beste CO-Bilanz …"

4.1 Gegenstimmen

Andere Untersuchungen konnten keinen Nutzen für das Klima feststellen. Zitat aus einer Studie des Heidelberger Umwelt- und Progonose-Instituts vom Oktober 2019:

„Elektroautos sind entgegen einer weitverbreiteten Meinung nicht klimaneutral, sie verursachen als einzelnes Fahrzeug ungefähr gleich hohe CO_2-Emissionen wie normale Benzin- oder Diesel-PKW." [111]

Das DIW kam 2015 zu einem noch ungünstigeren Befund: [112]

„Im BAU-Szenario des Jahres 2030 wird die durch Elektrofahrzeuge bedingte CO_2-Reduktion im Straßenverkehr durch Mehremissionen im Stromsektor überkompensiert." [4]

Diese widersprüchlichen Ergebnisse sind keine deutsche Besonderheit. Die Analyse von 44 internationalen Papieren ergab 2018, dass sich für praktisch jede Behauptung über E-Autos eine Studie als Beleg finden lässt.[113] Die angegebenen Werte der Treibhausgasemissionen von BEV reichen von 20 bis über 290 g CO_2/km:

---

4   „BAU" bezeichnet ein so genanntes Business-As-Usual-Szenario mit vier Millionen Elektroautos im Jahre 2030 und meint die Einführung von E-Autos ohne zusätzliche Maßnahmen zur Beschleunigung der Energiewende

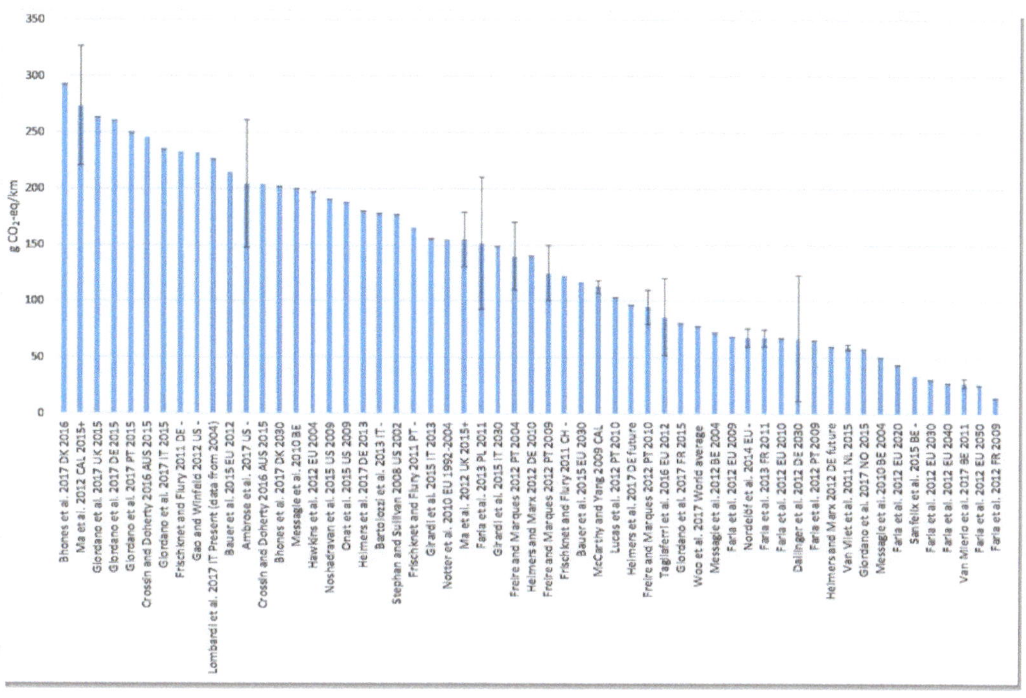

Abbildung 2: Bandbreite der in Studien ermittelten Treibhausgasemissionen von BEV

Wie kann es sein, dass Wissenschaftler zu derart gegensätzlichen Bewertungen kommen?

4.2 Plausible CO$_2$-Bilanzen

Anhand einer eigenen, vergleichenden Klimabilanz soll aufgezeigt werden, wie stark die Ergebnisse der Studien von Annahmen abhängen. Dazu genügen wenige Ausgangsdaten:

- Für Autos mit Benzin- oder Dieselmotor sind realistische Verbrauchswerte zu ermitteln sowie die Treibhausgasemissionen je Liter verbrannten Kraftstoffs.
- Für Elektroautos ist es ein wenig komplizierter: Hier kommt es darauf an, welche Kraftwerke den zusätzlichen Strom zur Aufladung der Akkus produzieren.

Als Vergleichsfahrzeuge wählen wir zwei Volkswagen-Modelle der Baujahre ab 2020 von etwa gleicher Größe und Fahrleistung: Den ID.3 mit 150 PS und den Golf mit Benzin- und Dieselmotor mit 100 bis 120 PS.[5]

CO_2-Bilanzen lassen sich in wenigen Schritten erstellen:

- Als Ausgangspunkt kann der Kraftstoff- bzw. Stromverbrauch dienen. Die praxisfernen Normwerte aus den Autoprospekten ignorieren wir und konsultieren stattdessen die Website www.spritmonitor.de. Dort tragen Autobesitzer ihre tatsächlichen Alltagsverbräuche ein. Im März 2022 waren dies 19,9 kWh/100km für den ID.3, 5,83 l/100 km für den Golf Benziner und 4,92 Liter für den Golf Diesel.

- Viele gebräuchliche Angaben zu den spezifischen CO_2-Emissionen von Benzin- und Dieselkraftstoff enthalten nur das bei der Verbrennung entstehende Kohlendioxid und sind daher zu niedrig:[6]

  „Vorkettenemissionen sind nicht Teil der offiziellen Emissionsberichterstattung unter der UNFCCC und werden auch nicht in den Klimaschutzzielen der Bundesregierung berücksichtigt. Aus klimapolitischer Sicht macht es aber durchaus Sinn den Einfluss der Vorketten auf die Gesamtemissionen zu betrachten." [114]

Wir möchten die so genannten Bereitstellungsaufwände für Förderung, Verarbeitung und Transport der Ölprodukte berücksichtigen.[115] 2022 gab das Bayerische Landesamt für Umweltschutz für Benzin 2880 g/l und für Dieselkraftstoff 3160 g/l an.[116]

- Beim Elektroauto kommen Verluste auf dem Weg des Stroms vom Kraftwerk bis zum Akku hinzu: Rund 10 % im Stromnetz[117] sowie ca. 16,5 % Ladeverluste.[118] **Somit muss etwa 28 % mehr Strom erzeugt werden, als der Antrieb verbraucht.**

- BEV fahren zwar lokal emissionsfrei, in einem Teil der Kraftwerke entsteht aber doch CO_2. Aussagekräftige Klimabilanzen müssen daher die Emissionen der Ladestromproduktion korrekt berücksichtigen.[119] Dazu ist eine Frage zu klären, von der sich zeigen wird, dass sie für das Gesamtergebnis von entscheidender Bedeutung ist:

Tanken E-Autos Durchschnitts- oder Differenzstrom?

In vielen wissenschaftlichen Studien basieren die Treibhausgasemissionen der Ladestromproduktion auf dem durchschnittlichen Kraftwerks-Strommix. Dafür scheint auf den ersten Blick zu sprechen, dass alle Verbraucher die elektrische Energie aus einem gemeinsamen Netz beziehen. Warum sollten dann für Elektroautos besondere Regeln gelten?

---

5   Der ID.3 benötigt mehr Motorleistung, weil er ca. 450 kg schwerer als der Golf ist

6   Der ADAC ist in dieser Hinsicht eine lobenswerte Ausnahme

Bei genauerem Hinsehen jedoch ist diese Frage nicht so eindeutig zu beantworten. Der Durchschnittsmix unterscheidet nämlich nicht zwischen Grund- und Residuallast: [120]

> *„Die schwankende Residuallast muss in der Hauptsache durch regelbare Kraftwerke gedeckt werden, insbesondere durch diverse Arten von Wärmekraftwerken…"*

Das bedeutet konkret: Steigt der Ladestrombedarf, dann werden nur fossile Kraftwerke hochgeregelt. Statt des Durchschnitts-Strommix ist daher ein fossiler Strommix anzuwenden. Der Bund der Energieverbraucher hat dies im Januar 2018 mit deutlichen Worten zusammengefasst:

> *„Doch warum darf man bei den Emissionsberechnungen nicht den bundesdeutschen Strom-Mix zugrunde legen? Die Erklärung ist einfach, aber nicht zu widerlegen: Photovoltaikanlagen, Windkraftanlagen und AKW produzieren immer, wenn sie können und betriebsbereit sind, da ihre variablen Kosten sehr gering oder nahezu null sind. Wegen eines zusätzlichen E-Fahrzeugs werden sie nicht mehr Strom produzieren (können). Also muss der zusätzliche Strom aus einem Kraftwerk kommen, das bislang nicht ausgelastet ist. Denkbar wäre auch, dass weniger Strom exportiert wird – doch dann würde im Ausland ein fossiles Kraftwerk hochgefahren, denn dort gilt das gleiche betriebswirtschaftliche Prinzip für die Stromerzeugung. … Diese Situation wird auch dann noch vorherrschen, falls in zehn oder zwanzig Jahren über 50 Prozent der Stromerzeugung durch regenerative Energiequellen stattfindet. Wer also mit den niedrigen Emissionswerten des Kraftwerks-Mix rechnet, lügt sich eins in die Tasche – mancher bewusst, mancher aus Unkenntnis."* [121]

Auch das Umweltbundesamt stellte 2016 fest, dass für die Klimabilanz des BEV nicht der Durchschnittsstrommix, sondern ein *„Ladestrommix"* anzuwenden ist, basierend auf dem *„Kraftwerkspark, der zur Betankung von Elektrofahrzeugen unter sonst gleichen Bedingungen tatsächlich in Anspruch genommen wird."* [122]

Diese Vorgehensweise entspricht den anerkannten Regeln wissenschaftlichen Arbeitens zur Erstellung von Lebenszyklusanalysen, wie sie z.B. im *„General Guide for Life Cycle Assessement"* der Europäischen Kommission beschrieben sind: [123] [7]

> *„Bei einigen Technologien macht es einen großen Unterschied aus, ob ein marginaler oder ein durchschnittlicher Ansatz zur Anwendung kommt. Im Falle der Stromerzeugung kann die Grenztechnologie Kohle- oder Windkraft sein, während die Durchschnittstechnologie sich typischerweise von Fall zu Fall stark unterscheidet. Bei Produkten oder Systemen, die viel Elektrizität verbrauchen, wird schon die Wahl des Elektrizitäts-Mix oft das Gesamtergebnis bestimmen. Die falsche Wahl des Modellierungsprinzips führt dann zu irreführenden Ergebnissen."*

---

7   in deutscher Übersetzung

Zu dieser Frage konsultieren wir zusätzlich das „Manual Daten-und Qualitätsstandards für Ökobilanzen zu Pkw-Antrieben" (2019 verfasst vom Öko-Institut und dem Verband der Chemischen Industrie). Darin heißt es: [124]

„Als Marginalstrom[8] wird derjenige Strom bezeichnet, der aufgrund einer zusätzlich nachgefragten Strommenge (z. B. aufgrund der Einführung neuer, strombasierter Technologien) zusätzlich bereitgestellt wird. Da er in Deutschland heute in der Regel durch eine höhere Auslastung konventioneller Kraftwerke erzeugt wird, ist er meistens fossiler Natur. Welche Erzeugungstechnologien ihn bereitstellen, wird nach dem Merit-Order-Prinzip über die Grenzgestehungskosten definiert."

Dies anzuerkennen setzt natürlich voraus, E-Autos als zusätzliche Verbraucher einzustufen. Daran kann jedoch kein Zweifel bestehen, sofern tatsächlich untersucht werden soll, ob die Umstellung des Individualverkehrs auf Elektromobilität Klimavorteile hat. Dann sind genau zwei Zustände zu vergleichen, nämlich die Volkswirtschaft als Ganzes mit und ohne Elektroautos; entscheidend ist, auf welche Weise der Gesamtverbund der Kraftwerke auf die Zuschaltung dieser weiteren Gruppe von Stromverbrauchern reagiert. Da aus der Perspektive der Stromversorger mit zunehmender Verbreitung von Elektroautos eine *„neue, strombasierte Technologie"* hinzukommt,[9] ist für BEV ein Marginalstrommix zu ermitteln, dessen Zusammensetzung der Merit Order[10] folgt.[125] Die Forschungsstelle für Energiewirtschaft e. V. erklärte 2019, warum sich dies auf die Klimabilanz zusätzlicher Stromverbraucher ungünstig auswirkt:

„Werden die rein betriebsbedingten Emissionen betrachtet, so zeigt sich, dass – mit Ausnahme der Kernenergie – emissionsintensive Brennstoffe aufgrund ihrer niedrigen Grenzkosten bevorzugt zur Stromerzeugung eingesetzt werden. Selbst hocheffiziente Gas- und Dampfturbinenkraftwerke (GuD) kommen nach dem Merit-Order-Prinzip erst nach emissionsintensiveren Steinkohlekraftwerken zum Einsatz." [126]

---

8   Marginalstrom wird auch als Differenz-, Zusatz- oder Grenzkraftwerksstrom bezeichnet

9   Das gilt natürlich nicht nur für Elektroautos. Der so genannte CO_2-Fußabdruck neuer stromverbrauchender Produkte ist immer mit dem Marginalstromansatz zu ermitteln. Der Durchschnittsstrommix taugt z.B., um den Trend des CO_2-Ausstoßes je Einwohner zu ermitteln oder um den Stand der Energiewende verschiedener Länder zu vergleichen.

10 „Merit Order" ist die preisorientierte Reihenfolge, in der bei steigendem Bedarf weitere Kraftwerke zugeschaltet werden. Zuerst wird der günstigste Strom verkauft, bis diese Kapazität erschöpft ist. Danach kommen stufenweise immer teurere Kraftwerke zum Einsatz.

Die folgende Prinzipdarstellung veranschaulicht diese Zusammenhänge: [11]

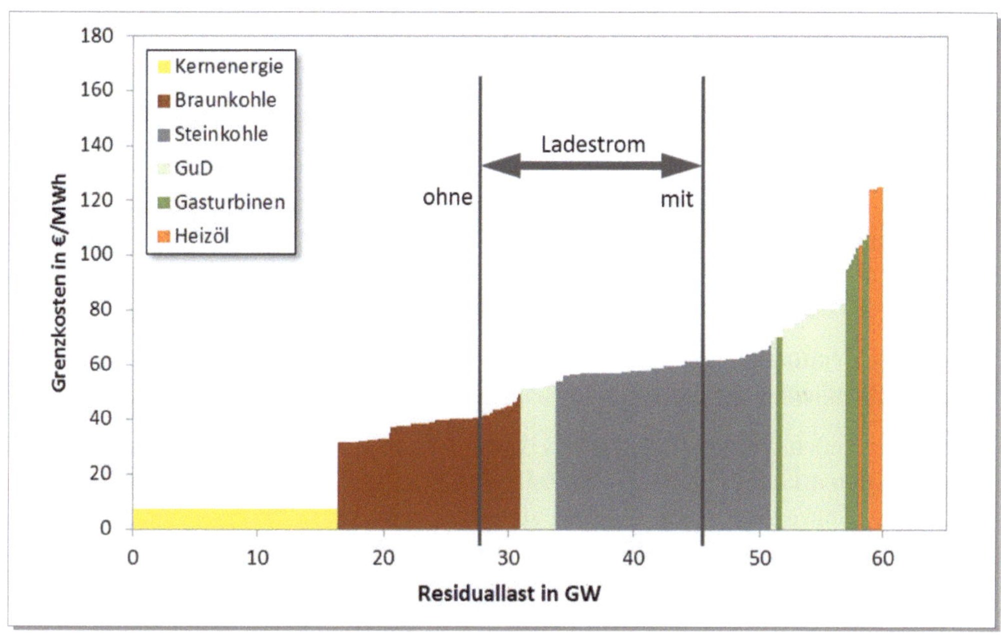

Abbildung 3: Merit Order [127]

Anmerkungen dazu:

- Obwohl Wind-, Sonnen- und Biomassenkraftwerke stets mit maximal möglicher Leistung laufen,[12] konnten sie z.B. 2021 kaum die Hälfte des Strombedarfs decken.[128] Ihre Leistung schwankt stark, weshalb Strom aus EE als „fluktuierend" bezeichnet wird. Das Diagramm zeigt, wie bei steigendem Bedarf zunächst nukleare und dann verschiedene fossile Kraftwerke die zur Stromversorgung notwendige Residuallast liefern.

- Die senkrechten, schwarzen Linien markieren, wie viel nichtregenerativer Strom zu einem bestimmten, willkürlich gewählten Zeitpunkt produziert wird.

- Der Abstand zwischen den beiden senkrechten Linien veranschaulicht, was passieren würde, wenn man eine fiktive Menge Elektroautos vom Stromnetz trennte oder hinzuschaltete: Nur die Produktion fossilen Stroms würde um den Ladestrom verringert oder erhöht werden.[13]

---

11 Die absoluten Werte sind nicht aktuell; das ist zur Erklärung der Zusammenhänge aber irrelevant

12 Die Abregelung von Strom aus EE ist ein lokales Phänomen und auf unzureichenden Netzausbau zurückzuführen (siehe dazu das Kapitel „Elektroautos als Verbraucher von Überschussstrom")

13 Die beispielhaft eingezeichneten 18 GW Ladestrom würden bei 50 kW Leistung je Fahrzeug für ca. 360.000 Elektroautos genügen.

- Weiterer Zubau an Stromerzeugung aus EE verschiebt die Ladestromlast *innerhalb des fossilen Bereichs* nach links.

Ökostrom muss lt. EEG immer vorrangig abgenommen werden und hat daher bereits Abnehmer. Zusätzlichen Strom können nur die fossilen Kraftwerke erzeugen.

Daraus folgt, dass Elektroautos die Produktion fossilen Stroms in Höhe des gesamten Ladestroms erzwingen.

Die im Laufe der Jahre ansteigende Ökostromquote kann daran auf absehbare Zeit nichts ändern. Denn der höhere EE-Anteil wird die Klimabilanz des Elektroautos so lange nicht verbessern, wie der zum Ausgleich des Ladestroms erforderliche zusätzliche Strom aus fossilen Kraftwerken stammt.

Die dem Elektroauto zuzuordnenden Treibhausgasemissionen hängen somit nicht vom durchschnittlichen, sondern vom fossilen Strommix ab.

Wie lange noch werden Elektroautos de facto fossilen Strom tanken? Dazu setzen wir den gesamten Ladestrombedarf in Relation zur über die Jahre sinkenden Residuallast (die aus nichtregenerativen Quellen zu decken ist). Angenommen, die Hälfte der 48 Millionen deutschen Pkw solle mit Elektroautos ersetzt werden:

- Eines der sparsamsten, zurzeit erhältlichen Elektroautos ist der Hyuandai Ioniq (Spritmonitor.de registrierte für Fahrzeuge ab Bj. 2020 bis März 2022 einen Alltagsverbrauch von 15,3 kWh/100 km). Wir halten weiteren, technischen Fortschritt für möglich und rechnen mit 14 kWh/100 km. Dazu kommt aufgrund der oben erläuterten Verluste bei Erzeugung, Übertragung und Ladung ein Zuschlag von 28 Prozent; das ergibt knapp 18 kWh/100 km Strombedarf.

- Die durchschnittliche Jahreskilometerleistung betrug im Vorkrisenjahr 2019 lt. Kraftfahrtbundesamt 13.602 km.[129] Somit sind je Fahrzeug 2448 kWh Strom zu produzieren (18/100x13.602). Für 23,5 Millionen Fahrzeuge ergäbe dies ca. 58 TWh, das sind etwas mehr als elf Prozent des deutschen Nettostromverbrauchs von 2019 (rund 507 TWh).[130]

Im Vorkrisenjahr 2019 lag die Ökostromquote bei 45,5 %.[131] Eine Quote von 80 % wird in vielen Studien nicht vor 2040 erwartet. [132]

Somit wird die Subventionierung von E-Autos noch mindestens 20 bis 30 Jahre lang den Absatz fossilen Stroms fördern.

4.2.1 Schnellkurs zur Herkunft des Ladestroms

Die folgende, stark geraffte Erklärung kommt weitgehend ohne Fachbegriffe aus und hat sich in Diskussionen bewährt:

Ladestrom ist Durchschnittsstrom, der (überwiegend) aus Fossil-, Atom- und Öko-strom besteht. Gehen wir diese der Reihe nach durch und achten wir dabei vor allem auf die Herkunft der zusätzlichen Energie:

1.) Fossilstrom

Vor Beginn des Ladevorgangs produzierten die Fossilkraftwerke gerade so viel Strom, wie nötig war, um den über Öko- und Atomstrom hinausgehenden Bedarf zu decken. Das E-Auto bezieht nun aber zusätzlichen Durchschnittsstrom. Folge: Die Fossilkraftwerke müssen natürlich mehr produzieren.

2.) Atomstrom

Dieser ist so billig, dass KKW meist mit voller Leistung laufen und nicht noch mehr produzieren können. Folge: Da auch die zusätzlichen E-Autos Durchschnittsstrom mit einem Anteil Atomkraft erhalten, droht im Netz eine Lücke.

Doch die Stromversorger sind darauf vorbereitet und können mit regelbaren Kraftwer-ken schnell reagieren. Schon aufgrund der EE-Vorrangregelung können dies aber kei-ne Solar- oder Windkraftanlagen sein. Fast nur fossile Kraftwerke können ihre Leis-tung erhöhen, um auch den Atomstromanteil auszugleichen.

3.) Nun zum Grünstrom:

Der Ladestrom enthält auch Ökostrom. Doch wer gleicht diese zusätzliche Energie im Netz wieder aus? Nur weil jemand sein Auto laden möchte, scheint die Sonne nicht heller und weht der Wind nicht stärker. Die Ökostromproduktion schwankt, ist aber nicht regelbar und kann nicht auf Zusatzbedarf reagieren. Dennoch erhält auch das E-Auto etwas Ökostrom. Wo kommt der wohl her?

Ganz einfach: Dieser Grünstrom wird anderen Verbrauchern entzogen!

Und damit keine Versorgungslücke entsteht, müssen die Versorger mittels regelbarer Kraftwerke gegensteuern. Auch der Ökostromanteil muss vollständig mit Fossilstrom ersetzt werden.

Fazit zum Mitschreiben:

• *Differenzstrom für zusätzliche Verbraucher muss immer nahezu vollständig durch die Hochregelung von Fossilkraftwerken erzeugt werden*

• *Obwohl E-Autos mit Durchschnittsstrom geladen werden, der einen Anteil Grün-strom enthält, lösen sie damit im Stromerzeugungssystem die Produktion von Fossil-strom in der Menge des Ladestroms aus*

- *Ob die Ökostromquote zum Zeitpunkt des Ladevorgang bei 10 oder bei 60 Prozent liegt, hat hierauf keinen Einfluss*
- *Seriöse Klimabilanzen müssen daher auf dem Differenzstrom, auch Marginalstrom genannt, basieren.*
- *Korrigiert man diesen häufigen (fast schon zur Regel gewordenen) Fehler in Klimabilanzen, so bleibt vom angeblichen CO2-Vorteil des E-Autos nichts übrig.*

Dies alles gilt im Prinzip natürlich für jeden Stromverbraucher, z.B. auch für Kühlschränke. Sinnvoll ist die Marginalstrombetrachtung aber nur zur Bewertung der Klimabilanz zusätzlicher Verbraucher, deren Auswirkungen auf die Energieversorgung bewertet werden sollen – wie z.B. von Elektro-Spaßmobilen.

Diese im Grunde recht einfachen Zusammenhänge sind unter Fachleuten übrigens völlig unstrittig. Doch nur unabhängige Experten sprechen diese Wahrheit auch aus. Wer hingegen auch zukünftig lukrative Aufträge für Transformationsprojekte akquirieren möchte, hält sich mit Kritik an der politisch gewollten Irreführung der Öffentlichkeit zurück.

Ein Punkt zum Schluss: Welche fossilen Kraftwerke sind es denn, die den Ladestrom ausgleichen?

Das konnte man im Krisenjahr 2020 sehen: Als der Strombedarf sank, regelten weltweit fast nur Kohlekraftwerke herunter. Genau das gleiche würde passieren, trennte man schlagartig alle ladenden E-Autos vom Stromnetz ab.

4.2.2 Zur Klimabilanz von Selbstversorgern

Viele Fahrer von Elektroautos erzeugen ihren Ladestrom selbst. Das wirft eine interessante Frage auf:

Fahren Selbstversorger mit grünem Strom?

Mit einer Photovoltaik-Anlage auf dem eigenen Dach scheint dies eindeutig der Fall zu sein. Doch das gilt nur für die einzelwirtschaftliche (auf einzelne Verbraucher eingeschränkte) Perspektive. Mit Blick auf das öffentliche Stromnetz ergibt sich ein völlig anderes Bild: Ladestrom aus Solarkraftwerken ist Energie, die einer minderwertigen Verwendung zugeführt wird. Besser wäre es, Fossilstrom aus dem Stromnetz zu drängen:

- Solarstrom, der zuvor ins Netz eingespeist wurde, für diesen Zweck nun aber nicht mehr zur Verfügung steht, weil er in einem neu angeschafften Elektroauto verfahren wird, muss von den Energieversorgern ersetzt werden. Diese müssen dazu mehr Leistung von regelbaren (d.h. fossilen) Kraftwerken abrufen.

- Dieser Einwand hat auch dann Bestand, wenn eine PV-Anlage speziell zur Aufladung eines E-Autos angeschafft wurde. Strom lässt sich nur einmal verbrauchen; man kann damit entweder ein Elektro-Spaßmobil speisen oder Kohlestrom ersetzen. Beides zugleich geht nicht.

Der hohe Anteil von Elektroautofahrern mit eigener PV-Anlage verführt manche zur Annahme, das E-Auto beschleunige auf diese Weise die Energiewende. Dahinter verbergen sich gleich mehrere Denkfehler:

- Für die Installation von Solarstromanlagen gibt es meist mehrere Motive, z.B. der Wunsch nach Unabhängigkeit von den Stromanbietern, Engagement für die Energiewende oder Interesse an „grünen" Investitionsmöglichkeiten. Welchen Zuwachs an EE-Kapazität es unter anderen Bedingungen gäbe (z.B. keine staatliche Förderung von Elektromobilität, jedoch stärkere Förderung von Solarstrom) ist nicht bekannt; es könnte auch mehr sein (indem mehr Geld in Stromerzeugung statt Stromverbrauch investiert wird).
- Unerheblich ist auch, ob der eigene Solarstrom überhaupt ins Netz eingespeist wird. Von Bedeutung für die Klimabilanz ist nur, dass die Möglichkeit ungenutzt bleibt, Fossilstrom zu ersetzen.
- Die Annahme wiederum, mehr Stromverbrauch würde wegen der Ökostromquoten-Ziele der Regierung automatisch zu mehr grünem Strom führen, ist zum einen wegen der Unverbindlichkeit dieser Vorgaben[14] abwegig. Außerdem steigt der Strombedarf wegen der vielen geplanten Elektrifizierungen in anderen Bereichen derart schnell an, dass eine Deckung aus inländischer Erzeugung unmöglich ist. Noch mehr Bedarf wird nicht den EE-Ausbau, sondern die Importe synthetischer Kraftstoffe zur Verbrennung in Wärmekraftwerken erhöhen.

Aus diesen Gründen verantworten auch Elektroauto-Fahrer mit eigener PV-Anlage die Produktion fossilen Stroms in einer Menge, die etwa dem Ladestrombedarf entspricht; die dabei entstehenden Treibhausgase werden bloß außerhalb ihrer Grundstücke emittiert. Einen Vorteil für die Umwelt hat stets nur die PV-Anlage, nicht aber die Anschaffung zusätzlicher Stromverbraucher wie Elektroautos.[15] Vernünftig motorisierte Autos mit Verbrennungsmotoren weisen daher eine bessere CO2-Bilanz auf.

---

14 Siehe dazu das Kapitel „Das Öko-Institut und die ‚Systemperspektive'"
15 Das gilt natürlich auch für von Elektroautos indirekt verursachten Stromverbrauch. Errichtet z.B. ein Hersteller von Batteriezellen eine Photovoltaikanlage, so erhöht er damit die landesweite Ökostromquote, d.h. die Produktion fossilen Stroms sinkt – aber nur, solange diese Leistung ins Netz eingespeist wird. Andernfalls muss jegliche Stromentnahme zur Produktion der Zellen von den Energieversorgern mit fossilem Strom ausgeglichen werden.

4.3 Ergebnisse des Marginalstromansatzes

Manche Autoren nehmen als Brennstoff für Grenzkraftwerke pauschal Braunkohle an und kommen damit auf sehr hohe Marginalstrom-Emissionen. In der ersten Auflage dieses Buches war mangels plausiblerer Daten anhand der Anteile von Gas, Braun- und Steinkohle an der fossilen Stromproduktion ein Durchschnittswert von 860 g/kWh errechnet worden – etwas mehr als die Emission von Steinkohle.

Doch nun liegen empirische Daten vor. Die Statistiken des Covid19-Krisenjahrs 2020 erlauben genauere Aussagen über die Herkunft des deutschen Zusatzstroms. So berichtete die Denkfabrik AGORA: [133]

„Insbesondere die Kohleverstromung erreichte einen neuen Tiefststand seit Beginn der ganzheitlichen Aufzeichnung im Jahr 1990. … Der Nachfragerückgang wirkte sich fast ausschließlich auf die fossile Energieerzeugung aus, da diese in der Merit-Order – die Einsatzreihenfolge der Kraftwerke beim Verkauf von Strom an der Börse – hinter den Erneuerbaren Energien stehen und somit als erste ihre Erzeugung reduzieren."

Die Stromproduktion aus Braunkohle verringerte sich 2020 um 19,79 TWh[134], bei Steinkohle waren es 13,91 TWh.[16] Als sinnvolle Fossilstrom-Emission wird daher der Mittelwert der Emissionen von Braunkohle (1135 g/kWh) und Steinkohle (852 g/kWh)[135] im Verhältnis von 19,79 zu 13,91 verwendet; das sind 1018 g/kWh.

Damit stehen alle für eine Klimabilanz erforderlichen Angaben zur Verfügung.[17] Hier die Ergebnisse für unsere Beispielfahrzeuge:

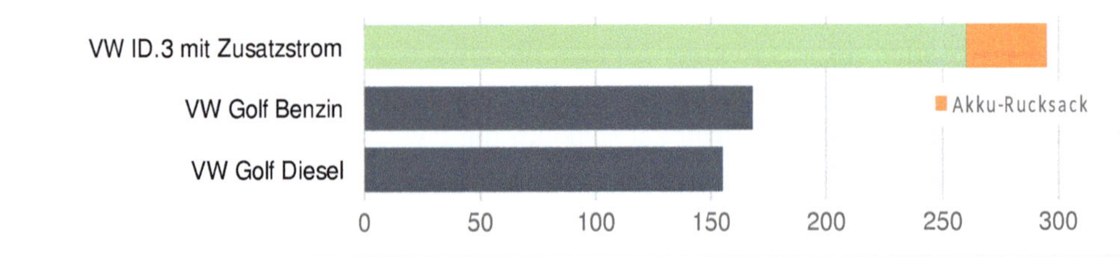

Abbildung 4: CO2-Emissionen zweier Automodelle [g CO2/km]
(das E-Auto ist grün dargestellt)

---

16 Erdgaskraftwerke produzierten 2020 sogar mehr Strom als im Vorjahr.

17 Die Emissionen errechnen sich durch Multiplikation der spezifischen CO2-Emissionen mit dem Kraftstoff- oder Strombedarf je Strecke.

Der orangefarbene Bereich gibt die Emissionen der Akkuherstellung wieder, die kontrovers diskutiert werden. Das Fraunhofer-Institut für Solare Energiesysteme ISE nannte 2019 eine Spanne von 65 bis 165 CO_2 Gramm je Kilowattstunde Akkukapazität.[136] Diese Angaben dürften generell zu niedrig sein, da nicht nur für den Fahrbetrieb, sondern auch für den zur Herstellung nötigen Strom faktenwidrig Durchschnittsstrom-Emissionen angenommen werden (siehe dort auf S. 30). Manche neueren Veröffentlichungen lassen zudem darauf schließen, dass die tatsächlichen Emissionen weitaus höher liegen:[137]

„Der CO_2-Fussabdruck von 330 kg CO2 pro kWh der Batterie stützt sich auf optimierte Messungen einer Pilotanlage für zylindrische Kleinbatterien in der Battery LabFactory Braunschweig (BLB). Unsere Berechnungen ergeben, dass der CO_2-Fussabdruck der Batterie und der Extra-Werkstoffe der E-Autos im Vergleich zum Verbrenner, fast doppelt so gross ist. Pro Fahr-Kilometer bedeutet dies, dass E-Autos doppelt so viel CO_2 pro Kilometer emittieren, und dies ohne den Stromanteil für die Aufladung der Batterie zu berücksichtigen."

Da nicht ausgeschlossen werden kann, dass technischer Fortschritt die Emissionen senken wird, belassen wir es dennoch bei dem mittleren Wert des Fraunhofer-Papiers von 120 g/kWh. Für den aktuell erhältlichen 58 kWh-Akku des VW ID.3 bedeutet dies einen so genannten CO_2-Akkurucksack von 6960 kg CO_2. Verteilt auf eine angenommene Akku-Nutzungsdauer von 200.000 km ergeben sich zusätzliche, herstellungsbedingte CO_2-Emissionen von knapp 35 g/km Fahrstrecke.

BEV anderer Hersteller schneiden kaum besser ab:

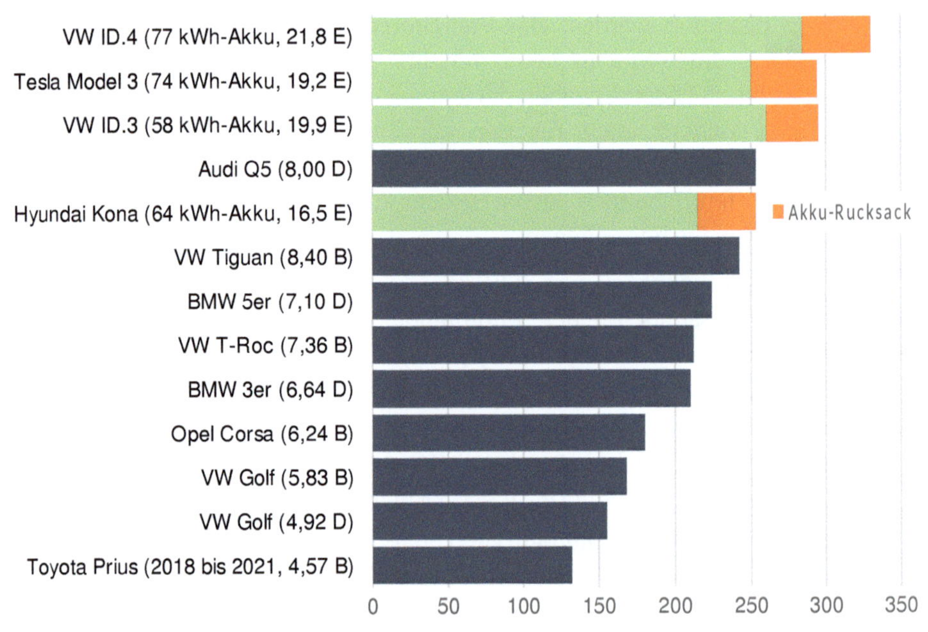

Abbildung 5: CO2-Emissionen weiterer Automodelle [g CO2/km]
(E-Autos sind grün dargestellt)

Spätestens an dieser Stelle drängt sich die Frage auf, aus welchem Grund Elektroautos eigentlich subventioniert werden. Die folgenden Studien ermitteln Treibhausgasemissionen anhand des fossilen Strommix und kommen zu ähnlichen Ergebnissen:

Institution	Titel der Studie	Gefördert oder beauftragt von...	Bilanzierung mit Durchschnitts- oder Differenz-Strommix?	Wird ein Klimavorteil heutiger BEV behauptet?
Karlsruhe Institute of Technology (KIT)	The averaging bias - a standard miscalculation, which extensively underestimates real CO2 emissions (2021) ↓[38]	-	Differenzstrom	nein
Stahl Automotive Consulting	Der Weg hin zu einer CO2-armen Mobilität (2020) ↓[39] [18]	-	Differenzstrom	nein
UPI	Ökologische Folgen von Elektroautos (Version von 2019) ↓[40]	-	Differenzstrom	nein
School of Built Environment (University of Reading)	Uncertainty in GB electricity grid carbon intensity and its implications for carbon accounting and reporting (2019) ↓[41]	-	Differenzstrom	nein
Forschungsstelle für Energiewirtschaft	EU Displacement Mix A Simplified Marginal Method to Determine Environmental Factors for Technologies Coupling Heat and Power in the European Union (2018) ↓[42]	-	Differenzstrom	Keine Bewertung von BEV
treeze Ltd., fair life cycle thinking	Aktualisierung Umweltaspekte von Elektroautos Ein Argumentarium ↓[43] (2018)	Schweizerisches Bundesamt für Umwelt (BAFU)	Relevanz des gewählten Strommix wird erläutert	Ja, aber nur mit nicht-fossilem Marginalstrom wie in der Schweiz
Dep. of Mechanical and Process Eng. - ETH Zürich	Assessment of the Marginal Emission Factor associated with Electric Vehicle Charging ↓[44]	-	Differenzstrom	nein
Institute for Energy Systems, University of Edinburgh	Marginal greenhouse gas emissions displacement of wind power in Great Britain ↓[45]	-	Differenzstrom	Keine Aussagen über BEV
IFEU	Weiterentwicklung und vertiefte Analyse der Umweltbilanz von Elektrofahrzeugen 27/2016 ↓[46]	Umweltbundesamt	Differenzstrom	nein

18 Dieser Text ist keine Studie, wurde aufgrund der fundierten Argumentation aber dennoch in diese Liste aufgenommen

Department of Mechanical Engineering, University of Coimbra, Portugal	Marginal Life-Cycle Greenhouse Gas Emissions of Electricity Generation in Portugal and Implications for Electric Vehicles (2016) ↓[47]	-	Differenzstrom	nein
Öko-Institut e.V.	eMobil 2050 - Szenarien zum möglichen Beitrag des elektrischen Verkehrs zum langfristigen Klimaschutz ↓[48] (2014)	Bundesministerium für Umwelt	Differenzstrom	nein
Büro für Technikfolgen-abschätzung beim Deutschen Bundestag	Konzepte der Elektromobilität und deren Bedeutung für Wirtschaft, Gesellschaft und Umwelt (10/2012) ↓[49]	Ausschuss für Bildung, Forschung und Technikfolgen-abschätzung	Differenzstrom; inkl. einer Diskussion des Grenzkosten-kraftwerks	Anfangs ja, das wird ab S. 149 aber wieder in Frage gestellt
International Transport Forum at the OECD, Paris	ELECTRIC VEHICLES REVISITED – COSTS, SUBSIDIES AND PROSPECTS (2012) ↓[50]	OECD	Differenzstrom	nein
Department of Engineering and Public Policy, Carnegie Mellon University, Pitts-burgh, Pennsyl-vania, USA	Marginal Emissions Factors for the U.S. Electricity System (April 2012) ↓[51]	-	Differenzstrom	Keine Aussagen über BEV
IFEU	Wissenschaftlicher Grundlagen-be-richt (Oktober 2011) ↓[52]	-	Beides	nein
DIW	Elektromobilität: Kurzfristigen Aktionismus vermeiden, langfristige Chancen nutzen - DIW-Wochenbericht 27-28/2010 ↓[53]	-	Differenzstrom	nein
WWF	Auswirkungen von Elektroautos auf den Kraftwerkspark und die CO2-Emissionen in Deutschland (März 2009) ↓[54]	-	Differenzstrom	nein
IFEU und Wuppertal-Institut	Elektromobilität und erneuerbare Energien November 2007 ↓[55]	Bundesministerium für Umwelt	Differenzstrom	nein

Tabelle 1: Studien mit Bewertungen auf Basis des Marginalstromansatzes

5.   Politisch unerwünschte Fakten

Wir halten fest:

- Energieeinsparungen und EE-Ausbau verringern die Treibhausgas-Emissionen, neue Stromverbraucher erhöhen sie [19]
- Das Elektroauto ist ein neuer Stromverbraucher. Klimavorteile hätte es nur, wenn die Ladestromproduktion einen geringeren CO_2-Ausstoß verursachen würde, als einem konventionellen Auto derselben Klasse zuzuordnen ist. Wegen des fossilen Differenzstroms ist das nicht der Fall.
- E-Autos werden erst dann umweltfreundlicher sein, wenn auch der Differenzstrom regenerativ erzeugt wird (d.h. nicht vor Mitte dieses Jahrhunderts)
- Die Förderung der Elektromobilität erhöht die CO_2-Emissionen

Das stellt den Sinn einer Selbstverpflichtung der letzten deutschen Bundesregierungen in Frage. Schon vor mehr als zehn Jahren war das Ziel ausgerufen worden, dem Elektroauto zum Durchbruch zu verhelfen. 2009 hieß es im „Nationalen Entwicklungsplan Elektromobilität der Bundesregierung" (die Hervorhebungen wurden nachträglich hinzugefügt):

> *„Mit der Entwicklung von geeigneten Rahmenbedingungen für die Elektromobilität will die Bundesregierung zwei Hauptziele verfolgen:* **Erstens, einen möglichst großen Anteil von Elektrofahrzeugen unter den Neuzulassungen zu erreichen**, *und zweitens, die Nutzung von Strom aus regenerativen Energiequellen für die Elektromobilität zu fördern."* [156]

Damit war die Entscheidung gefallen, das Elektroauto staatlich zu fördern. Damals schon wurden zur Begründung vorrangig industriepolitische Erwägungen genannt, verbunden mit Verweisen auf Entwicklungen in den USA, Japan und China,

> *„... die ihre Industrien mit umfangreichen Programmen auf dem Weg zur Elektromobilität unterstützen. Für Deutschland gilt es, sich in der Spitzenposition zu etablieren... Strategische Kooperation bei der Elektrifizierung des Antriebsstrangs mit den traditionell gut aufgestellten deutschen Automobilzulieferern könnte einen erheblichen* **Innovationsschub** *für die deutsche Automobilindustrie bewirken,* **der die gesamte Volkswirtschaft stärkt."**

---

19 Beim EE-Ausbau gehen die Einsparungen teilweise dadurch wieder verloren, dass für Dunkelflauten regelbare Kraftwerkskapazität fast in Höhe des gesamten Bedarfs bereitgehalten werden muss

Zugleich gab die Bundesregierung ihre Erwartungen an zukünftige Studien zu erkennen: Sie forderte Unterstützung für ihr Vorhaben ein, den Marktanteil der Elektroautos zu erhöhen. Hinweise darauf, dass es mit der Klimabilanz des BEV möglicherweise doch nicht zum Besten bestellt ist, wurden unmissverständlich als störend zurückgewiesen:

„Darüber hinaus muss vermieden werden, dass der Marktzugang von Elektrofahrzeugen durch ein falsches Image in der öffentlichen Wahrnehmung erschwert wird, weil Elektrofahrzeuge in der Öffentlichkeit mit neuen Emissionen in der Stromerzeugung verbunden werden könnten."

Das kann als Aufforderung verstanden werden, die durch Elektroautos bedingten *„neuen Emissionen in der Stromerzeugung"* in der Öffentlichkeitsarbeit zu verschleiern. Dazu wurden Vorschläge formuliert:

„Deshalb sollten die umweltfreundlichen Aspekte der Elektrofahrzeuge betont werden, insbesondere weil sie insgesamt energieeffizient sind, mittelfristig einen geringen Zuwachs der Stromnachfrage generieren und durch die im IEKP[157] festgelegte Kopplung an die erneuerbaren Energien emissionsarm fahren."

Eine Vorreiterrolle nahm die Bundesregierung auch bei der sachlich durch nichts zu rechtfertigenden Anwendung des Durchschnittsstromansatzes ein:

*„In der Energiebilanz (well to wheel) sind elektrische Antriebe im Vergleich zum Verbrennungsmotor **bereits beim heutigen Kraftwerksmix** effizienter und können damit zu einer Verringerung des CO2-Ausstoßes beitragen."*

So viel Entschlossenheit mündete schließlich in ein Gesetz. Die deutsche Umweltministerin Barbara Hendricks machte 2017 politischen Einfluss auf die Bewertung des ökologischen Nutzens von Elektroautos geltend. Mit der Verordnung zur Durchführung des Bundes-Immissionsschutzgesetzes ließ sie verkünden: [20][158]

*"Die Treibhausgasemissionen des elektrischen Stroms werden berechnet durch Multiplikation der energetischen Menge des zur Verwendung in den Straßenfahrzeugen mit Elektroantrieb entnommenen Stroms mit dem Wert für die **durchschnittlichen Treibhausgasemissionen pro Energieeinheit des Stroms in Deutschland** und dem Anpassungsfaktor für die Antriebseffizienz nach Anlage 3."*

Für die Verfasser von Studien bedeutete dies: Die Marginalstrombetrachtung war fortan politisch unerwünscht.

---

20 Laut Anlage 3 beträgt der Anpassungsfaktor für die Antriebseffizienz beim batteriegestützten Elektroantrieb 0,4.

5.1 Auswirkungen politischer Leitlinien auf Studien

Die Forschungsinstitute verstanden die Botschaft: E-Autos sind nicht zu kritisieren, sondern ihre Einführung ist auch von wissenschaftlicher Seite publizistisch zu unterstützen. Die Durchsicht einer Reihe von Studien förderte mehrere Wege zutage, den Wünschen der Auftraggeber zu entsprechen:

- Meist wird einfach ignoriert, dass der Ökostrom bereits Abnehmer hat und von E-Autos nicht noch einmal verbraucht werden kann
- Andere Autoren reservieren Zuwachs an Ökostrom exklusiv für Elektroautos
- Gerne wird auch behauptet, die CO_2-Emissionen der Ladestromproduktion würden an anderer Stelle kompensiert werden

5.2 Der Strommix wird nach dem gewünschten Ergebnis ausgewählt

Der Energieberater Dieter Seifried hat zusammengefasst, warum die Klimabilanz von Elektroautos bis auf weiteres mit einem Fossilstrommix zu berechnen ist: [159]

„Will man wissen, wie viel Emissionen ein zusätzlicher Stromverbrauch verursacht, darf man nicht mit einem Durchschnittswert für die Kraftwerksemissionen rechnen, sondern muss fragen, welche Kraftwerke für den zusätzlichen Strombedarf eingesetzt werden. Die Antwort darauf ist eindeutig: Bei dem derzeitigen Ausbautempo der erneuerbaren Energien wird Strom für Elektrofahrzeuge in den nächsten 15 Jahren nicht aus umweltfreundlichen Energiequellen kommen, sondern aus einer Mischung von Braunkohle, Steinkohle und Erdgas. [...] Anstatt eines scheinbaren Vorteils für Elektrofahrzeuge errechnen sich nun Mehremissionen!"

Warum mehr als jede zweite Studie dennoch den Durchschnittsstrommix verwendet, wird aus dem folgenden Diagramm ersichtlich:

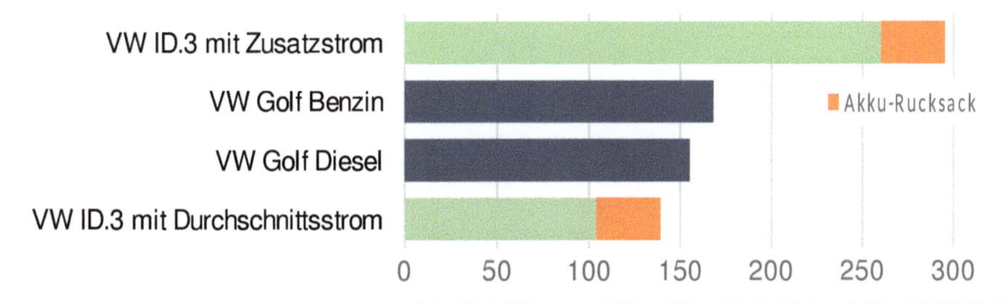

Abbildung 6: Greenwashing-Effekt des Durchschnittsstroms am Beispiel des VW ID.3 (mit Emissionen in g CO_2/km)

2020 wies der fossile Verdrängungsstrom Emissionen von etwa 1018 g CO2/kWh auf, der Durchschnittsstrom hingegen nur 401 Gramm.[21] Der niedrigere Wert erlaubt es, das Elektroauto in einem wesentlich günstigeren Licht zu präsentieren.

Das Umwelt- und Prognose-Institut bestätigte diesen Befund:

„Bild 13 zeigt, dass Elektroautos im Durchschnitt der EU bei einer Berechnung mit dem Strommix ungefähr dieselben Emissionen aufweisen wie normale PKW und zwar etwa in Höhe des heute gültigen CO2-Grenzwerts von 130 g CO_2/km. Bei der realistischen Grenzkostenbetrachtung des Einsatzes von Kohlestrom liegen die CO_2-Emissionen von Elektrofahrzeugen jedoch deutlich höher als bei Benzin- und Diesel-PKW.“ [160]

Der Durchschnitts-Strommix eröffnet wissenschaftlichen Institutionen einen Weg zu Elektroauto-freundlichen Bewertungen wie dieser:

„Elektrofahrzeuge sind deutlich energieeffizienter als Fahrzeuge mit Verbrennungsmotor und weisen auch beim heutigen Strommix bereits einen Klimavorteil auf.“ [161]

Häufig wird nicht bereits für den heutigen Betrieb, sondern erst über den gesamten Lebenszyklus ein ökologischer Nutzen des Elektroautos postuliert. Zur Begründung wird darauf verwiesen, dass die Emissionen des durchschnittlichen Strommix langfristig sinken werden. Dabei wird ignoriert, dass die Klimabilanz des BEV ausschließlich vom fossilen Strommix abhängt, solange der Marginalstrom fossilen Ursprungs ist.

Wollte man trotz Anwendung des Durchschnittsstrommix eine korrekte Klimabilanz erstellen, müsste der Einfluss der Ladestrom-Zusatzlast auf diesen Strommix berücksichtigt werden. Damit würde aber offengelegt werden, dass Elektroautos die fossile Stromproduktion ankurbeln und die Ökostromquote senken. Wohl aus diesem Grund findet sich in keinem einzigen Papier eine Differenzierung zwischen dem Durchschnittsstrommix mit und ohne Elektroautos.

Die folgenden Veröffentlichungen mit wissenschaftlichem Anspruch behaupten Klimavorteile des Elektroautos und begründen dies mit Klimabilanzen, die auf dem Durchschnittsstromansatz basieren:

---

21 Siehe das Kapitel „Realitätsnahe Ergebnisse"

Institution	Titel der Studie	Gefördert oder beauftragt von
IFEU	2030: Elektrische Lkw schlagen Diesel-Fahrzeuge bei Kosten und Klima deutlich (2022) ↓[62]	BMU
Yale University	Pricing indirect emissions accelerates low—carbon transition of US light vehicle sector ↓[63]	-
Deutsche Bank Research	Vorfahrt der E-Mobilität vom Staat teuer erkauft (2021) [22] ↓[64]	-
ICCT	A global comparison of the life-cycle greenhouse gas emissions of combustion engine and electric passenger cars (2021) ↓[65]	European Climate Foundation und Climate Imperative Foundation
Öko-Institut	Resource consumption of the passenger vehicle sector in Germany until 2035 – the impact of different drive systems (2021) ↓[66]	German Federal Ministry for the Environment, Nature Conservation and Nuclear Safety
KIT und DLR	Global perspective on CO_2 emissions of electric vehicles (2021) ↓[67]	Wirtschaftsministerium von Baden-Württemberg
Volkswagen AG	CO2-Bilanz von E-Fahrzeugen ↓[68]	-
Stiftung Myclimate	Ökobilanz von Elektroautos (2020)↓[69]	?
Wuppertal Institut	CO2-neutral bis 2035: Eckpunkte eines deutschen Beitrags zur Einhaltung der 1,5-°C-Grenze (2020) ↓[70]	Fridays For Future
KIT	Ökobilanz von Pkws mit verschiedenen Antriebssystemen (2020) ↓[71]	VDI
Eindhoven University of Technology (Auke Hoekstra, Maarten Steinbuch)	Vergleich der lebenslangen Treibhausgasemissionen von Elektroautos mit den Emissionen von Fahrzeugen mit Benzin- oder Dieselmotoren (2020) ↓[72]	Bundestagsfraktion der Grünen
Fraunhofer-Institut ISI	Ein Update zur Klimabilanz von Elektrofahrzeugen (2020) ↓[73]	-
IFEU (u.a.)	Determining the environmental impacts of conventional and alternatively fuelled vehicles through LCA (2020) ↓[74]	European Commission
Frontier Economics Ltd.	Cradle-to-Grave-Lebenszyklusanalyse im Mobilitätssektor (2020) ↓[75]	Forschungsvereinigung Verbrennungskraftmaschinen e.V., Frankfurt

---

22 Der Marginalstromansatz wird in diesem Papier zwar erwähnt, aber nicht angewandt

Institution	Titel der Studie	Gefördert oder beauftragt von
ICCT	Green vehicle replacement programs as a response to the COVID-19 crisis: Lessons learned from past programs and guidelines for the future (2020) ↓[76]	?
Ifeu, Transport & Environment und Öko-Institut	Plug-in hybrid electric cars: Market development, technical analysis and CO_2 emission scenarios for Germany (2020) ↓[77]	German Federal Ministry for the Environment, Nature Conservation and Nuclear Safety
Karlsruher Institut für Technologie (KIT)	Ökobilanz von Pkws mit verschiedenen Antriebssystemen (2020) ↓[78]	VDI
Paul Scherrer Institut	Life cycle environmental and cost comparison of current and future passenger cars under different energy scenarios (2020) ↓[79]	Swiss Innovation Agency (Innosuisse), Volkswagen Group Sustainability Council und das ELEGANCY-Projekt
Ricardo Energy & Environment, ifeu, E4tech	Determining the environmental impacts of conventional and alternatively fuelled vehicles through LCA (2020) ↓[80]	European Commission, DG Climate Action
Transport & Environment	How clean are electric cars? T&E's analysis of electric car life cycle CO_2 emissions (2020) ↓[81]	?
University, Nijmegen, University of Cambridge, University of Macao	Net emission reductions from electric cars and heat pumps in 59 world regions over time (2020) ↓[82]	-
Volkswagen AG	CO2-Bilanz von E-Fahrzeugen (2020) ↓[83]	Volkswagen AG
Wuppertal Institut	CO2-neutral bis 2035: Eckpunkte eines deutschen Beitrags zur Einhaltung der 1,5-°C-Grenze (2020) ↓[84]	Fridays for Future GLS Bank
Auke Hoekstra	The Underestimated Potential of Battery Electric Vehicles to Reduce Emissions (2019) ↓[85]	-
Fraunhofer-Institut für System- und Innovationsforschung	Klimabilanz, Kosten und Potenziale verschiedener Kraftstoffarten und Antriebssysteme für Pkw und Lkw (2019) ↓[86]	-
IFEU	Klimabilanz von Elektroautos: Einflussfaktoren und Verbesserungspotenzial (April 2019) ↓[87]	Agora Verkehrswende; Stiftung Mercator und die European Climate Foundation (ECF)

Institution	Titel der Studie	Gefördert oder beauftragt von
IFEU	Klimabilanz von strombasierten Antrieben und Kraftstoffen (Dez. 2019) ↓[88]	Agora Verkehrswende
Ifo-Institut	Zukunft der Mobilität: Welche Optionen sind tragfähig? (2019) ↓[89]	-
Joanneum Research, Graz	Geschätzte Treibhausgasemissionen und Primärenergieverbrauch in der Lebenszyklusanalyse von Pkw-basierten Verkehrssystemen (September 2019) ↓[90]	ÖAMTC und ADAC
Paul Scherrer Institut, CH	Current and future environmental performance of passenger cars (2019) ↓[91]	Mercator Research Institute on Global Commons und Climate Change (MCC), Berlin
School of Engineering, University Newcastle	The role of electric vehicles in near-term mitigation pathways and achieving the UK's carbon budget (2019) ↓[92]	-
Umweltbundesamt GmbH, Wien	Zur Ökobilanz von E-Autos und was die VerbraucherInnen darüber erfahren (2019) ↓[93]	Arbeiterkammer Wien
Wuppertal Institut	Der Beitrag von synthetischen Kraftstoffen zur Verkehrswende: Optionen und Prioritäten (2019)↓[94]	Greenpeace
European Commission, Joint Research Centre	Electricity carbon intensity in European Member States: Impacts on GHG emissions of electric vehicles (2018) ↓[95]	European Commission
European Environment Agency	Electric vehicles from life cycle and circular economy perspectives EEA Report No 13/2018 ↓[96]	-
Forschungsstelle für Energiewirtschaft (FfE) e.V.	Klimabilanz von Elektrofahrzeugen – Ein Plädoyer für mehr Sachlichkeit (2018) ↓[97]	Stiftung Energieforschung Baden-Württemberg und die Hans und Klementia Langmatz Stiftung
KfW Research	Die Verkehrswende – Einblicke in die Mobilität der Zukunft Nr. 201, 13. März 2018 ↓[98]	-
Öko-Institut und ICCT	Klimaschutz im Verkehr: Maßnahmen zur Erreichung des Sektorziels 2030 (2018) ↓[99]	-
Öko-Institut e.V.	Oberleitungs-Lkw im Kontext weiterer Antriebs- und Energieversorgungsoptionen für den Straßengüterfernverkehr (2018) ↓[100]	Bundesministerium für Umwelt
Eckard Helmers, Martin Weiss, Campus	Advances and critical aspects in the life-cycle assessment of battery electric cars (2017) ↓[101]	-

Institution	Titel der Studie	Gefördert oder beauftragt von
Birkenfeld, University of Applied Sciences Trier		
Dr. Maarten Messagie – Vrije Universiteit Brussel - research group MOBI	Life Cycle Analysis of the Climate Impact of Electric Vehicles (2017) ↓[102]	-
Ifo-Institut	Auswirkungen eines Zulassungsverbots für Personenkraftwagen und leichte Nutzfahrzeuge mit Verbrennungsmotor (2017) ↓[103]	-
Öko-Institut e.V.	Handlungsbedarf und -optionen zur Sicherstellung des Klimavorteils der Elektromobilität (2017) ↓[104]	Bundesministerium für Umwelt
Fraunhofer ISI, Fraunhofer IML, PTV Transport Consult GmbH, TU Hamburg-Harburg – IUE, M-Five	Machbarkeitsstudie zur Ermittlung der Potentiale des Hybrid-Oberleitungs-Lkw Februar 2017 ↓[105]	Bundesministerium für Verkehr und Digitale Infrastruktur
Fraunhofer-Institut für Bauphysik; thinkstep AG	Abschlussbericht: Bewertung der Praxistauglichkeit und Umweltwirkungen von Elektrofahrzeugen_(2016) ↓[106]	-
Umweltbundesamt GmbH, Wien 2016	Ökobilanz alternativer Antriebe (2016) ↓[107]	Öst. Bundesministerium für Land-und Forstwirtschaft, Umwelt und Wasserwirtschaft
Deutsches Zentrum für Luft- und Raumfahrt e. V. und Wuppertal Institut für Klima, Umwelt, Energie GmbH	Begleitforschung zu Technologien, Perspektiven und Ökobilanzen der Elektromobilität (März 2015) ↓[108]	Bundesministerium für Bildung und Forschung (BMBF)
Öko-Institut e.V.	Wirtschaftlichkeit von Elektromobilität in gewerblichen Anwendungen (April 2015) ↓[109]	Bundesministerium für Wirtschaft und Energie
Wuppertal Institut für Klima, Umwelt, Energie GmbH	Strommix beim Betrieb von Elektrofahrzeugen (Januar 2012) ↓[110 23]	Bundesministerium für Verkehr, Bau, Stadtentwicklung
Eckard Helmers and Patrick Marx	Electric cars: technical characteristics and environmental impact (2012) ↓[111]	-

---

23 Der Marginalstrom wird in dieser Studie zwar ausführlich und kompetent diskutiert. Dennoch folgt schließlich ein nicht nachvollziehbares und daher abwegiges Fazit: „Unter pragmatischen Gesichtspunkten bietet die Strommixmethode eine gute Orientierung für die klimabezogene Bewertung von Elektrofahrzeugen."

Institution	Titel der Studie	Gefördert oder beauftragt von
DIW	Wochenbericht Nr. 27-28/2010, 7. Juli 2010 ↓[112]	-
Brian Cox, Christopher L Mutel, Christian Bauer, Angelica Mendoza Beltran, Detlef P. van Vuuren	Uncertain environmental footprint of current and future battery electric vehicles Entwicklungsstand und Perspektiven der Elektromobilität (2009) ↓[113]	-
Universität Stuttgart Institut für Energiewirtschaft und Rationelle Energieanwendung Prof. Dr. Ing. A. Voß	Entwicklungsstand und Perspektiven der Elektromobilität (2009) ↓[114]	-

Tabelle 2: Studien mit Bewertungen auf Basis des Durchschnittstromansatzes

In diesen Papieren wird explizit angegeben, dass die Klimabilanzen auf dem Durchschnittsstromansatz basieren. Begründungen sucht man jedoch meist vergebens, und die wenigen Ausnahmen überzeugen nicht. Auch dieser Versuch des Wuppertal Instituts muss als gescheitert gelten: ↓[115]

„Die dritte in der wissenschaftlichen Literatur zu findende Bewertungsmethode geht davon aus, dass es sich bei Elektrofahrzeugen um gegenüber dem Zustand ohne Elektrofahrzeuge zusätzliche Verbraucher handelt, deren Strombedarf durch eine zusätzliche Stromerzeugung gedeckt werden muss. Dieser Sichtweise wird von Kritikern entgegengehalten, dass die Definition von ‚zusätzlich' nicht eineindeutig ist, grundsätzlich auch auf andere Stromverbraucher zutrifft und zudem eine spezifische Herausnahme eines Verbrauchssegmentes nicht zulässig ist."

Nun ist aber nicht von der Hand zu weisen, dass die Einführung von Elektroautos das Stromnetz mit einem *„zusätzlichen Verbraucher"*, nämlich der Gesamtheit der Elektroautos, belastet. Dass es daneben noch weitere zusätzliche Verbraucher geben kann, die auf dieselbe Weise zu bilanzieren wären, ändert daran nichts. Die Einwände der so genannten *„Kritiker"* greifen nicht.

Einige Autoren verzichten auf eigene Begründungen und berufen sich einfach auf andere (Quelle: dito):

„Dieser Ansatz ist in der Literatur weitgehend eingeführt und hinsichtlich der spezifischen Frage nach der aus der Perspektive der Kritiker des Herkunftsnachweisansatzes entscheidenden Kriteriums der Zusätzlichkeit von Stromnachfragekontingenten und deren spezieller Deckung neutral."

Am Strommix entscheidet sich, ob dem Elektroauto eine günstige Klimabilanz bescheinigt werden kann. Es sagt einiges über die Ziele solcher Publikationen aus, wenn die darin angewandte Methodik nicht damit begründet wird, die tatsächlich entstehenden CO2-Emissionen zu erfassen, sondern *„Kritiker des Herkunftsnachweisansatzes"* zufriedenzustellen.

Autoren, denen ein Unbehagen darüber anzumerken ist, dass diese Begründungen nicht allzu weit tragen, nehmen die Unterstützung des Gesetzgebers gerne an: ↓[116]

> *"Auch das Bundes-Immissionsschutzgesetz fordert, bei der Anrechnung von im Fahrzeug verwendeten Strom immer den aktuellen deutschen Strommix zu verwenden."*

5.3   Grünstrom wird bilanztechnisch für Elektroautos reserviert

Der „Nationale Entwicklungsplan Elektromobilität" beruft sich auf eine angebliche *„Kopplung"* der Ladestromnachfrage von Elektroautos an erneuerbare Energien. ↓[117] Im „Integrierten Energie- und Klimaprogramm" (IEKP) aus dem Jahre 2007 so dies so *„festgelegt"* worden. Tatsächlich kann das IEKP dieses Versprechen nicht einlösen. Zitat: ↓[118]

„Die Bundesregierung wird
- *gemeinsam mit der Industrie unter dem Dach des Nationalen Innovationsprogramms Wasserstoff- und Brennstoffzellentechnologie ein F&E- und Demonstrationskonzept für Batteriesysteme und Elektroantriebe entwickeln*
- *in Abstimmung mit der Automobilindustrie einen Feldversuch mit Plug-in-Hybrid-Fahrzeugen durchführen*
- *Fragen zur Praktikabilität, Akzeptanz, Effizienz und zu Stoffströmen dieser Technik mit anwendungsnahen Forschungsvorhaben analysieren*
- *ein Konzept vorlegen und mit den relevanten Kreisen der Wirtschaft abstimmen, wie über einen stetig steigenden Anteil an Elektromobilität die vorhandenen Effizienzreserven beim Netzmanagement insbesondere bei deutlich erhöhter Einspeisung von Strom aus erneuerbaren Energien erschlossen werden können."*

Nach der behaupteten *„Festlegung"*, der EE-Ausbau werde an den Ladestrombedarf gekoppelt, sucht der Leser vergebens.

Bereits 2011 schien Ernüchterung eingekehrt zu sein. Im „Regierungsprogramm Elektromobilität" heißt es nur noch:

> *„Die Bundesregierung setzt sich dafür ein, dass in ausreichendem Umfang zusätzlicher Strom aus Erneuerbaren Energien zur Verfügung steht, der die zusätzliche Nachfrage aus Elektrofahrzeugen berücksichtigt."* ↓[119]

Wie das zu bewerkstelligen wäre, müsse aber erst noch erkundet werden:

„Möglichkeiten der Kopplung von Elektromobilität an erneuerbare Energiequellen werden untersucht."

Dass der steigende Ladestrombedarf einen über die bisherigen Ausbaupläne hinausgehenden Zuwachs an Stromerzeugung aus EE auslöst, erweist sich schon auf den ersten Blick als Wunschvorstellung. Konkrete Konzepte oder gar umsetzbare Pläne zur Erreichung dieses Zieles gibt es nicht. Das Wuppertal Institut und das IFEU haben hierzu in einem gemeinsamen Papier zwar Ideen formuliert:

„Eine Möglichkeit der Verbindung von Elektro-Mobilität mit erneuerbaren Energien ist die elektrotechnische „Leitungsführung" in einer Art, dass nur eine Versorgung mit erneuerbaren Energien möglich ist, z. B. der Direktanschluss einer Fahrzeugflotte an einen Offshore-Windpark." ↓[120]

Die Autoren scheinen zu wissen, dass dies nicht möglich ist:

„Eine solche unmittelbare Verbindung ist aber i. d. R. volkswirtschaftlich ineffizient und eignet sich nur für Pilot- oder Leuchtturmprojekte, wo es auf einen zusätzlichen Marketingeffekt ankommt."

Dieses nicht realisierbare Junktim erwies sich indes nicht nur für *„Marketingeffekte"* als nützlich, sondern dient häufig als Mittel zur inhaltlichen Ausrichtung von Studien an den Wünschen der Auftraggeber. Um Elektroautos einen emissionsfreien Fahrbetrieb bescheinigen zu können, wird einfach mehr Grünstrom nur für diesen Verwendungszweck gefordert. Die zusätzlichen EE-Kapazitäten werden bilanztechnisch exklusiv den BEV zugeordnet: [24]

„Wesentlich ist, dass der Bau der Anlagen direkt an das Wachstum der Elektroflotte gekoppelt ist. Nur dann kann sich Elektromobilität zu einer emissionsarmen und klimaverträglichen Alternative entwickeln." ↓[121]

Ein weiteres Beispiel dafür ist die Publikation „OPTUM: Optimierung der Umweltentlastungspotenziale von Elektrofahrzeugen" des Öko-Instituts von 2011. Die Autoren wissen um das Problem der hohen CO_2-Emissionen bei der Differenzstromerzeugung. Zitat: ↓[122]

„Ohne den zusätzlichen Ausbau von Erneuerbare-Energien-Anlagen liegen die Gesamtemissionen von Plug-In-Hybrid- und batterieelektrischen Pkw im Jahr 2030 16 % bzw. 17 % über dem Emissionsniveau eines konventionellen Benzin-Pkw."

Ihr Vorschlag:

---

24 Auch wenn es einen solchen außerordentlichen Zuwachs gäbe, so würde dies zwar die Ökostromquote erhöhen, doch nichts daran ändern, dass eine Trennung der BEV vom Stromnetz die Produktion fossilen Stroms in Höhe des Ladestroms sinken lässt.

„Durch den zusätzlichen Ausbau von Windenergieanlagen könnten die Emissionen gegenüber einem herkömmlichen Vergleichsfahrzeug deutlich gesenkt werden: um 97 % für batterieelektrische Pkw und um 65 % für ein Plug-In-Hybridfahrzeug. "

So fallen die Treibhausgasemissionen je Kilometer des Elektroautos wunschgemäß aus: Ohne den zusätzlichen EE-Ausbau waren es noch 147 Gramm gewesen, nun können ganze 3 Gramm vermeldet werden. Der imaginäre, zusätzliche grüne Strom wurde tatsächlich vollständig für BEV reserviert; dass dieser Ökostrom keinen Fossilstrom mehr ersetzen kann, verschweigen die Autoren einfach.

Zu behaupten, die erneuerbaren Energien würden mit und dank der E-Autos schneller ausgebaut, ist ein Pseudo-Argument. Tatsächlich ist der EE-Ausbau Ergebnis politischer Entscheidungen, die sich wiederum an der Verfügbarkeit finanzieller und technischer Ressourcen orientieren. Diese ändern sich nicht, wenn der Strombedarf steigt oder sinkt. Es gibt keinerlei Beleg dafür, dass der EE-Ausbau ohne E-Autos langsamer verlaufen wäre; im Gegenteil: Schaffte man alle E-Autos sofort ab, so würde (auch aufgrund des Klimaschutz-Urteils des Bundesverfassungsgerichts) dennoch versucht werden, den EE-Ausbau maximal zu beschleunigen.

Der Bilanzierungstrick der exklusiven Reservierung imaginären, zusätzlichen Stroms aus EE für Elektroautos wird u.a. in den folgenden Veröffentlichungen angewandt bzw. empfohlen:

Institution	Titel der Studie	Gefördert oder beauftragt von	Durchschnitts- oderDifferenz- stromansatz?	Wird ein Klimavorteil heutiger BEV behauptet?	Wird EE exklusiv für BEV reserviert?
DIW	Power System Impacts of Electric Vehicles in Germany: Charging with Coal or Renewables? (2015) ↓[123]	-	Differenzstrom	Nein	Ja
DIW	Elektromobilität in Deutschland: CO2-Bilanz hängt vom Ladestrom ab (2015) ↓[124]	-	Numerische Modelle berechnen de facto Differenzstrom	Im Gegenteil: Es wird aufgezeigt, wann BEV höhere Emissionen aufweisen	Ja
Öko- Institut e.V.	DEFINE: Development of an Evaluation Framework for the Introduction of Electromobility (2014) ↓[125]	Bundes- ministe- rium für Verkehr	Differenzstrom	Nein	Ja
DIW und Öko- Institut	Gemeinsamer DEFINE Policy Brief (10/2014) ↓[126]	-	Differenzstrom	Nein	Ja
IFEU	Ökologische Begleitforschung zum Flottenversuch Elektromobilität (4/2014) ↓[127]	BMU	Differenzstrom	Nein	Ja
IFEU	Elektroautos in einer von erneu- erbaren Energien geprägten Energiewirtschaft (Mai 2011)↓[128]	BMU	Differenzstrom	Nein	Ja
Öko- Institut e.V./ ISOE	OPTUM: Optimierung der Um- weltentlastungspotenziale von Elektrofahrzeugen (2011) ↓[129]	BMU	Differenzstrom	Nein	Ja
Öko- Institut e.V.	Autos unter Strom (Sept. 2011) ↓[130]	BMU	Differenzstrom	Nein	Ja
IFEU & Wuppertal Institut	Elektromobilität und erneuerbare Energien (November 2007) ↓[131]	BMU	Differenzstrom	Nein	Ja

Tabelle 3: Bewertungen auf Basis exklusiv für E-Autos reservierten Ökostroms

Das Fraunhofer-Institut ISE begründete 2019, warum es nicht dazu bereit ist, einen Vergleich zwischen BEV und FCEV auf solchen Annahmen abzustützen: ↓[132]

„Zertifizierter Grünstrom aus dem Netz wurde, sowohl bei der Wasserstofferzeugung als auch dem Batteriefahrzeug, bewusst nicht angenommen, da hier nicht sichergestellt ist, dass die dem Netz entnommene Strommenge durch dedizierte („extra errichtete") Anlagen für erneuerbaren Strom erzeugt wird."

5.4 Es wird eine Kompensation der CO_2-Emissionen behauptet

Diese Denkfigur findet sich z.B. in einem Dokument des Wuppertal Instituts wieder:

„Die gesamten CO_2-Emissionen der Stromerzeugung sind im Rahmen des Cap & Trade-Regimes des Europäischen Emissionshandelssystems (European Emission Trading Scheme) limitiert. Menge und Art der Stromerzeugung (und -abnahme) verändern diesen Wert nicht, d.h. eine zusätzliche Nachfrage nach Strom etwa über den Einsatz von Elektrofahrzeugen führt in diesem System zu keinen Veränderungen der CO_2-Emissionen." ↓[133]

Doch das ist eine Illusion. Tatsächlich können Unternehmen (z.B. Stromerzeuger) ihre Emissionen bei Bedarf durchaus erhöhen; dazu müssen sie bloß Zertifikate kaufen. Das ist möglich, solange andere Emittenten ihr Budget nicht ausgeschöpft haben und ungenutzte Zertifikate abstoßen.

Die Gesamtheit aller ausgegebenen Zertifikate entspricht dem maximal zulässigen CO_2-Budget. Dieses wurde allerdings noch nie ausgeschöpft; am Ende jedes Jahres bleiben ungenutzte Zertifikate übrig. Die tatsächlichen Emissionen sind immer kleiner als das zulässige Gesamtbudget, das hinreichend großzügig dimensioniert wird, um den Unternehmen „Luft zum Atmen" zu lassen. Steigender Stromverbrauch kann einen höheren Zertifikatepreis zur Folge haben und Investitionen zur CO_2-Vermeidung anregen – aber nur, wenn das für andere Emittenten günstiger ist, als weitere Zertifikate nachzukaufen. Dieses Zusammenspiel zwischen (theoretischem) CO_2-Gesamtbudget, Zertifikatenachfrage und -preis als „Deckelung" zu bezeichnen, ist offensichtliches Wunschdenken, wie Patrick Graichen (von Agora Energiewende) im September 2017 schrieb: ↓[134]

„Wenn man aber auf den im Jahr 2005 eingeführten CO2-Emissionshandel in Europa schaut, kommt der Praxisschock. So liegt das Cap viel zu hoch, denn die ausgegebene Zertifikatemenge bewegt sich seit 2009 kontinuierlich über den tatsächlichen Emissionen. ... Der EU-Emissionshandel weist aktuell einen Zertifikateüberschuss (‚heiße Luft') von über 3 Milliarden Tonnen CO_2 auf – Tendenz steigend –, denn die nicht gebrauchten Zertifikate verfallen nicht etwa, sondern behalten ihre Gültigkeit für die nächsten Jahrzehnte."

Inzwischen wurde viel heiße Luft abgelassen. Dennoch gibt es weiterhin deutlich mehr Zertifikate, als verbraucht werden. Zu einer tatsächlichen, harten Begrenzung der Emissionen – also einer Deckelung im Sinne des Wortes – könnte es nur kommen, indem gar keine Zertifikate mehr angeboten würden. Dann allerdings würde der Zertifikatepreis durch die Decke schießen. Das hätte dramatische, volkswirtschaftliche Folgen: Kein einziges, wider Erwarten expandierendes Unternehmen, das dem ETS unterliegt, könnte seine Produktion ausweiten. Die Wirtschaft würde stranguliert werden.

Heiner Flassbeck meinte dazu im Wirtschaftsmagazin MAKROSKOP, es sei naiv

> *„zu glauben, man könne der Marktwirtschaft ein CO_2 Mengenkorsett verpassen, ohne enorme Verwerfungen in Form von dramatischen Preisschwankungen und – bei stetig rückläufiger Menge der Zertifikate – vor allem Preissteigerungen zu bekommen. Und es ist auch unendlich naiv zu glauben, diese Preissteigerungen, die ja letztlich von den demokratischen Staaten verantwortet werden müssen, würden von der Gesellschaft und den Marktteilnehmern einfach so hingenommen … der Druck auf die Regierungen, mit zusätzlichen Zertifikaten die Preisausschläge in Grenzen zu halten, würde ins Unermessliche wachsen."* [135]

Der Wissenschaftliche Beirat beim deutschen Bundesministerium für Wirtschaft und Energie kam im Juni 2019 zu einer ähnlichen Einschätzung:

> *„Umgekehrt ist zu erwarten, dass ein sehr hoher Zertifikatepreis, wenn er sich wider Erwarten auf dem Markt einstellen sollte, politisch nicht durchhaltbar ist. Wenn der Strompreis zu schnell stark ansteigen würde, käme es zu politischen Interventionen und einer Erhöhung der ausgegebenen Zertifikate, um Druck aus dem System abzulassen."* [136]

Die Empfehlung lautete, das Mengenziel aufzuweichen:

> *„Gleichzeitig wird ein Pfad an Mengenzielen vorgegeben, von dem nur dann abgewichen wird, wenn der Preis den Preiskorridor verlässt. In regelmäßigen Abständen (alle fünf bis zehn Jahre) müssten Mengenziele und Preiskorridor im Licht der Erkenntnisse der Klimaforschung und der technischen und wirtschaftlichen Entwicklung angepasst werden."*

Emissionshandelssysteme außerhalb Europas sind mit deutlich mehr Realismus gestaltet worden. Sie sehen Höchstpreise vor, bei deren Erreichen zusätzliche Zertifikate ausgeschüttet werden, um die Nachfrage trotz Überschreitung des CO_2-Budgets zu bedienen („safety valves" bzw. ein „hard price ceiling"). Damit wird der Vermeidung schwerer, volkswirtschaftlicher Störungen Vorrang eingeräumt – um den Preis, den Deckel faktisch abzusprengen.

Vorschläge verschiedener Arbeitsgruppen für einen CO_2-Höchstpreis auch innerhalb der EU existieren. Die EU-Kommission scheint das Problem jedoch aussitzen zu wollen. Sie weigert sich einfach, Vorkehrungen für den Fall eines explodierenden Zertifikatepreises zu treffen, wie aus diesem Papier des MIT Center for Energy and Environmental Research vom September 2016 hervorgeht:

> *„Alternative proposals, especially direct price management schemes, could not garner as much support because they are against the 'central principles' of the EU ETS 'as an instrument based on volume not on price' (European Commission 2014c: 14). The Commission also noted that 'agreeing on the ''right'' price thresholds would be very contentious, if not impossible' (European Commission 2014c: 14).“* [1137]

Sollte es zu einer starken Verknappung von Zertifikaten kommen, so wäre die EU-Kommission aufgrund des enormen politischen Drucks zu raschem Handeln gezwungen. Der Deckel wäre von heute auf morgen obsolet.

Erste Anzeichen für ein Versagen der behaupteten Deckelung waren schon Mitte 2021 zu beobachten:

> *„Die extrem gestiegenen CO_2-Preise überfordern in Europa immer mehr Unternehmen - „Zahlreiche Firmen unterlaufen inzwischen wegen hoher CO_2-Preise die Vorschriften des europäischen Emissionshandels.“* [1138]

Als die Preisbildung der Zertifikate beeinflussender Faktor kann der CO_2-Deckel Investitionen zur Verringerung von Treibhausgasemissionen anregen. Die Emissionen tatsächlich auf einen Maximalwert begrenzen kann er aber nicht. Die CO_2-Emissionen des motorisierten Individualverkehrs durch Umbuchung aus dem Verkehrs- in den Stromsektor verstecken zu wollen, ist schlicht unseriös.

6. Folgen der wissenschaftlichen Fehlberatung

Greenwashing-Studien werden dazu genutzt, ökologisch unsinnige politische Maßnahmen zu legitimieren. Das beginnt mit der Festlegung technisch unerreichbarer Grenzwerte. Die FAZ schrieb im Januar 2020:

> *„Bis zum Jahr 2030 müssen die Autohersteller ihren Kohlendioxid-Ausstoß … noch einmal um 37,5 Prozent verringern. Unternehmen und Fachleute sind sich einig, dass das nur zu schaffen sein wird, wenn die Fahrzeugproduzenten kurzfristig eines tun: möglichst schnell möglichst viele Elektroautos auf den Markt und vor allem an den Kunden zu bringen.“* [139]

Die postulierten Zielvorgaben basieren darauf, die Emissionen der Stromerzeugung aus den Bilanzen auszublenden. Das stellt eine politisch gewollte Irreführung der Öffentlichkeit dar, denn solange der Marginalstrom fossiler Herkunft ist, kann der zukünftige Grenzwert von knapp 60 Gramm auch mit Elektroautos nicht eingehalten werden.

Ein weiteres Element dieser Irreführung ist eine EU-Regelung, die de facto den Absatz von Spritschluckern ankurbelt: Die Super-Credits.

6.1 Autohersteller werden zum Bau von Spritschluckern motiviert

Der SPIEGEL meldete im Februar 2020: [140]

> *„Der Trend zu immer mehr Motorleistung in Deutschland ist ungebrochen. Laut einer Erhebung des CAR-Instituts an der Universität Duisburg-Essen hatten die im vergangenen Jahr 3,61 Millionen neu zugelassenen Autos durchschnittlich 158 PS unter der Haube - fünf PS mehr als ein Jahr zuvor und die zehnte Steigerung in Folge.“*

Aufgrund der Grenzwertüberschreitungen drohen den Herstellern im Rahmen der EU-Flottengrenzwertregelung Strafzahlungen. Dazu merkte die FAZ 2020 an: [141]

> *“Schon dieses Jahr dürfen 95 Prozent der neuzugelassenen Fahrzeuge im Durchschnitt maximal noch 95 Gramm Kohlendioxid ausstoßen. Liegen die Autohersteller darüber, drohen ihnen Strafen, die in die Milliarden gehen könnten. Ein Jahr später gilt die 95-Gramm-Regel dann für die gesamte Neuwagenflotte.“*

Moderner Ablasshandel

Der Trend zu Autos mit höheren Treibhausgasemissionen wird davon aber wohl nicht gestoppt werden, denn die Automobilhersteller haben die Möglichkeit, bei Verletzung der Grenzwerte Strafzahlungen mittels Kompensationsrechnungen zu vermeiden. Dabei machen sie sich zunutze, dass E-Autos von der EU als „Null-Emissionsfahrzeuge" eingestuft werden. In Summe führt das zu einer Zunahme der CO2-Emissionen:

- Für jedes Elektroauto darf ein Autohersteller ca. fünf hochmotorisierte PKW mit Verbrennungsmotor verkaufen, welche die CO_2-Grenzwerte deutlich überschreiten.
- 2020-2022 darf die Automobilindustrie so genannte „Super-Credits" in Anspruch nehmen: Dann wird ein E-PKW die CO_2-Grenzwertüberschreitungen von 7 bis 10 großen PKW rechnerisch kompensieren. [142]

Das UPI hatte 2019 weitere klimaschädliche Folgen dieser Fehlregulierung benannt:

„Ab 2025/2030 sind neue CO_2-Grenzwerte für PKW geplant. Diese werden nach den bisherigen Planungen wahrscheinlich folgende Merkmale aufweisen:

- *Keine festen Grenzwerte mehr, sondern nur noch prozentuale Absenkung: Senkung spezifischer CO_2-Emission bis 2025 um 15 % und bis 2030 um 37,5 % (Vans bis 2030 um 31 %) im Vergleich zu 2021*
- *Dadurch Vorteile für schmutzige Hersteller mit hohen Emissionswerten, Nachteile für saubere Hersteller mit niedrigen Emissionswerten*
- *Anreiz, vorher zu hohe Emissionswerte als Ausgangswerte anzugeben*
- *Automobilindustrie muss in Zukunft keine festen Emissionswerte mehr einhalten, sie kann letztlich zukünftige „Grenzwerte" weitgehend selbst bestimmen*
- *Höhere Super-Credits für E-PKW und Plug-in-Hybrid-PKW … Insgesamt werden heute E-PKW mit über 12 000 € pro Fahrzeug vom Steuerzahler subventioniert, damit die Automobilindustrie Strafzahlungen von ca. 10 000 € wegen CO_2 Grenzwertüberschreitung vermeiden kann."*

Bei Einbeziehung der Infrastruktur kommen weitaus höhere Summen zusammen: [143]

„Zur schnellen Durchsetzung der Elektromobilität verzichtet der Staat bei einem Auto der gehobenen Mittelklasse auf Steuereinnahmen von bis zu 22.000 €, war im Sommer dieses Jahres in einem Papier der Deutsche Bank Research zu lesen. [144] *Prof. Dr. Peter Hoberg von der Hochschule Worms schaute etwas genauer hin und entdeckte weitere versteckte Subventionen in Höhe von über 18.000 €.* [145]

Autos der höheren Mittelklasse werden über die gesamte Nutzungsdauer mit bis zu 40.000 € gefördert. Dass Elektroautos bei realistischer Berechnung der Emissionen noch für Jahrzehnte keinerlei Klimavorteile aufweisen werden, macht die EU-Flottengrenzwertregelung vollends zu gesetzgeberischem Irrsinn. Ohne wissenschaftliche

Fehlberatung wären die verantwortlichen Umweltpolitiker wohl kaum dazu bereit gewesen wären, die Treibhausgase der Ladestromproduktion gänzlich zu ignorieren.

Fehlanreize

Die damit einhergehende Fehlregulierung führte schließlich zu Fehlanreizen. Die FAZ berichtete Ende 2019 über "Alarm am Automarkt":

„All jene Autos, deren Motoren relativ hohe CO2-Emissionen ausstoßen, müssen eine Erstzulassung bekommen, bevor im nächsten Jahr das neue CO2-Regime mit seinen strafbewehrten Grenzen in Kraft tritt. Auf den Höfen der Händler wird es eng, Kurz- und Tageszulassungen gesellen sich zu jungen Gebrauchtwagen mit langen Standzeiten. In der Branche ist die Rede von mehr als einer Million unverkaufter Wagen. Viele gelten als toxische Ware, die im kommenden Jahr mit für den Kunden schönen Abschlägen verramscht werden wird.“ [146]

Wenige Tage zuvor, am 19.12.2019, meldete dieselbe Zeitung dies:

„Volkswagen steigert Gewinn: ‚Die SUV-Offensive ist weltweit ein voller Erfolg‘“ [147]

Ähnliches ist bei anderen Marken zu beobachten:

„Warum das Elektroauto den bezahlbaren Kleinwagen abwürgt

Auch bei Mercedes werden in den nächsten Jahren unter dem Einfluss der immer weiter um sich greifenden Elektrifizierung einige Modelle der Einstiegssegmente verschwinden. … Tatsächlich ist schon jetzt das Angebot an kleinen, eigentlich sparsamen und damit umweltfreundlichen Einsteiger-Autos mit Benzin- oder gar Dieselmotor ziemlich ausgedünnt; das gilt nicht nur für die Premiummarken.“ [148]

Die Hersteller werden von einer unsinnigen Gesetzgebung zur Entwicklung profitabler Autos mit großen Motoren und hohem Luftwiderstand angetrieben.

6.2 Subventionen für höhere Treibhausgasemissionen

Die staatliche Förderung von E-Autos ist aufgrund des fossilen Strommix sinnlos. Ebenso falsch ist es, rasch umsetzbare Möglichkeiten zur Emissionsminderung ungenutzt zu lassen. Genau dies empfahl der Sachverständigenrat für Umweltfragen, als er im November 2017 schrieb:

„Auch die Privilegierung von Erdgas als Kraftstoff im Verkehrssektor sollte nicht erneut über 2026 hinaus verlängert werden.“ [149]

Das Gremium war sich seiner Sache so sicher, dass es keinen Grund sah, seine starke Meinung mit einer beispielhaften Überschlagsrechnung zu belegen. Tatsächlich beruht auch diese Bewertung auf der Anwendung des Durchschnittsstromansatzes. Wird dieser systematische Fehler korrigiert, so ergibt sich ein völlig anderes Bild. Die gezielte Förderung besonders emissionsarmer Autos mit Verbrennungsmotoren könnte praktisch sofort erhebliche klimawirksame Effekte erzielen, wie dieser Vergleich zeigt: [25]

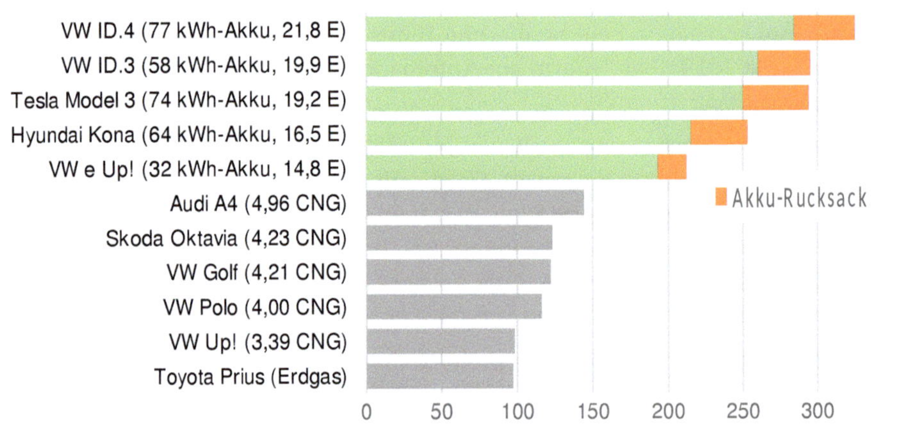

Abbildung 7: CO2-Ausstoß aktueller Elektro- und Erdgasautos [g CO$_2$/km]

Legende:

- ***Hellgrün:*** *Elektroauto-Emissionen mit fossilem Strommix von 2019*
- ***Orange:*** *Akku-Rucksack*
- ***Dunkelblau:*** *Auf Erdgas umgerüstete Autos mit Verbrennungsmotoren (bereits heute erhältlich)*
- ***Dunkelgrün:*** *Ein auf Erdgas umgerüsteter Toyota Prius, der in kürzester Zeit serienreif sein könnte*
- *Für Erdgas wurden CO$_2$-Emissionen von 2898 g CO2/kg Erdgas angenommen (12,6 kWh/kg * 230 g CO2/kWh; siehe [150] und [151]).*
  Behauptungen wesentlich höherer Bereitstellungsemissionen wurden widerlegt[152].
  Diese Arbeit hielt einer kritischen Überprüfung durch das UBA stand[153].

Französische Wissenschaftler wollten wissen, welches Potential zur Verringerung der Pkw-Treibhausgasemissionen Erdgas tatsächlich bietet, und rüsteten 2011 einen Toyota Prius auf diesen Kraftstoff um. Ergebnis: [26]

---

25 E-Autos ab 2020, Erdgas-Autos wegen der geringen Stückzahlen ab Baujahr 2018

26 Der angegebene Wert von 76 Gramm wurde mit dem veralteten NEFZ-Zyklus ermittelt. Lt. ADAC ergibt das neuere WLTP-Verfahren beim Prius einen um knapp 11 % Prozent höheren Ausstoß (siehe https://www.motor-talk.de/news/was-der-wltp-mit-der-kfz-steuer-macht-t5929208.html?page=3). Dazu kommen noch die Vorkettenverluste (bei Erdgas ca. 15 %, siehe oben). Somit ist mit einem

"After optimization, CO_2 emissions, measured on chassis dynamometer, were 76 g/ km on NEDC cycle." [154]

Autos mit solcherart optimierten Antrieben könnten innerhalb eines Jahres serienreif sein. Der CO_2-Ausstoß von Neufahrzeugen ließe sich auf diese Weise praktisch sofort halbieren. Dieser recht einfache (und aufgrund der zukünftig verfügbaren synthetischen Kraftstoffe aus erneuerbaren Energien zukunftssichere) Weg wird von den Empfehlungen des Sachverständigenrats für Umweltfragen jedoch leider blockiert.

Die regulatorische Privilegierung der E-Autos hat für die Umwelt heute schon schädliche Folgen. Der europäische Marktführer Volkswagen kündigte im März 2020 den Abschied vom Erdgas-Auto an:

„Doch das ultimative K.O.-Kriterium ist nicht technischer, sondern politischer Natur. Obwohl der Anteil von Biogas in vielen Gegenden bereits 50 Prozent überschreitet, können die Hersteller den erneuerbaren Kraftstoff nicht anrechnen lassen. Egal wie klimafreundlich die Fahrzeuge also unterwegs sind - in der CO_2-Flottenbilanz werden sie wie ein Auto mit fossilem Kraftstoff gerechnet. Reine Elektroautos und Plug-in-Hybride zählen ab einer gewissen elektrischen Reichweite dagegen als Nullemissionsfahrzeuge. " [155]

Das ist eine weitere umweltpolitische Fehlentscheidung aufgrund wissenschaftlicher Fehlberatung.

Wie schneiden BEV mit Strom aus Erdgas ab?

In der Stromproduktion wird in den kommenden Jahrzehnten Kohle durch Gas ersetzt werden. Das wird die Klimabilanz des fossilen Strommix und damit auch des Elektroautos deutlich verbessern. Werden BEV dann klimafreundlicher als Verbrenner sein?

Mit Strom aus Erdgaskraftwerken sinken die CO_2-Emissionen der E-Autos in der Tat kräftig, so z.B. beim Tesla Model 3 von heutigen 294 auf nur noch 149 g CO_2/km. Wenn aber auch die Verbrennungsmotoren auf Erdgas umgestellt werden, geht der Vorsprung wieder verloren: [156]

CO_2-Ausstoß von 97 g/km zu rechnen.

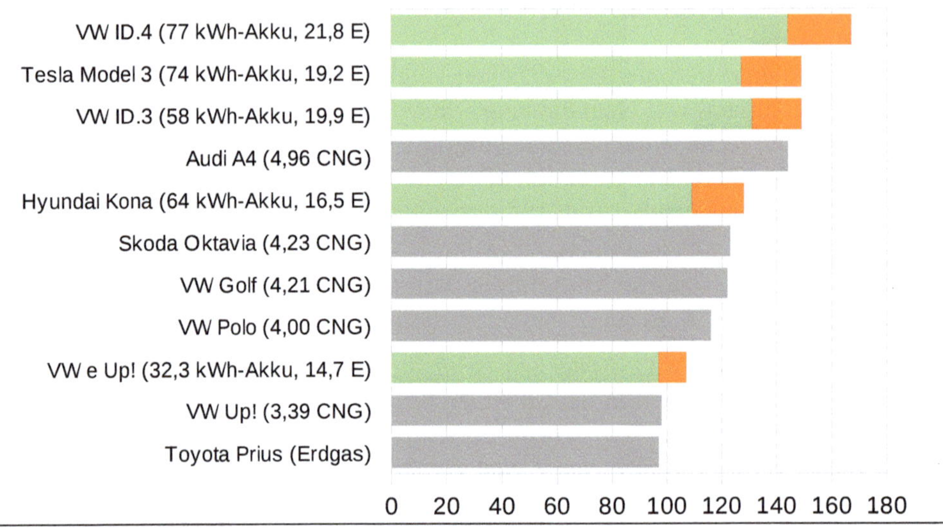

Abbildung 8: E-Autos versus Verbrenner; alle mit Erdgas als Primärenergie [g CO₂/km]

Das Erdgas in Gaskraftwerken zu verbrennen, führt aufgrund der Verluste im Stromnetz und beim Lademanagement nicht zu einem besseren Wirkungsgrad als mit einem optimierten Verbrennungsmotor.

6.3 Die Energiewende wird um Jahre verzögert

Der Sachverständigenrat für Umweltfragen empfiehlt dennoch, den Markterfolg von Elektroautos auf regulatorischem Wege rasch zu erzwingen: [157]

„Insgesamt muss die Umstellung bei den Neuzulassungen mit Blick auf die Nutzungsdauer der Fahrzeuge bis spätestens Mitte der 2030er-Jahre abgeschlossen sein."

Dann wäre gegen Mitte des Jahrhunderts mit einem hohen Anteil von Elektroautos zu rechnen. Welche zusätzliche Last der Energiewende damit aufgebürdet wird, lässt sich grob abschätzen, indem der Zusatz-Strombedarf dem zu erwartenden Ausbau der EE-Kapazität gegenübergestellt wird:

- Spritmonitor.de meldete am 7.3.2022 für alle seit Anfang 2020 neu zugelassenen Elektro-Pkw einen Durchschnittsverbrauch von 18,2 kWh/100 km. Lt. Dem Kapitel „Plausible CO2-Bilanzen" sind diesem Wert Netz- und Ladeverluste von ca. 28 Prozent hinzuzufügen.

- Mit der durchschnittlichen Jahreskilometerleistung des Vorkrisenjahrs 2019 lt. Kraftfahrtbundesamt von 13.602 km ergibt dies je Million Fahrzeuge einen jährlichen Strombedarf von ca. 3,17 TWh.

- Der Ausbau der EE schreitet in ungleichmäßigem Tempo voran. Zur Extrapolation in die Zukunft betrachten wir die zehn Jahre bis 2020. Das BMWI stellt Zeitreihen zur Verfügung.[158] Die Stromproduktion mit Wind (on- und offshore) und Sonne stieg jährlich im Durchschnitt um ca. 13 TWh.

Die fossilen Kraftwerke können erst dann abgeschaltet werden, wenn aller Strom aus EE erzeugt werden kann. Das geht natürlich umso schneller, je geringer der Stromverbrauch ist. Wenn alle knapp 48 Millionen Pkw durch Elektroautos ersetzt werden sollen, muss die Energiewende unter den obigen Annahmen um etwa zwölf Jahre verschoben werden - so viel zusätzlicher Strom würde benötigt:

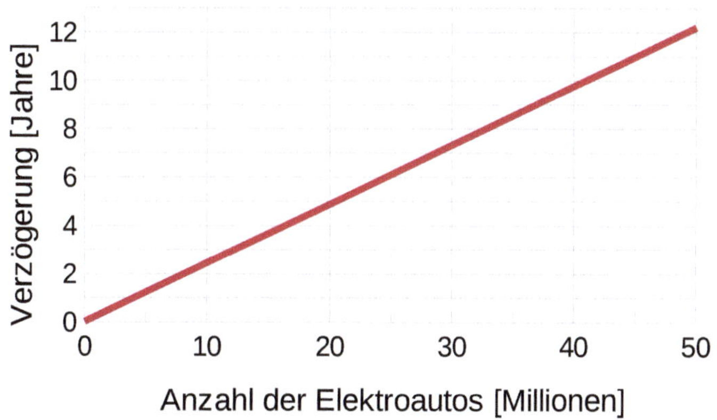

Abbildung 9: E-Autos verzögern die Energiewende

Da Elektroautos in den kommenden Jahrzehnten aufgrund des fossilen Marginalstroms keinerlei Vorteile hinsichtlich der Treibhausgasemissionen haben werden, ist diese Verzögerung ökonomisch wie ökologisch sinnlos.

Aber auch in der Übergangsphase kurz vor Erreichen der hundertprozentigen Ökostromversorgung wird die Elektromobilität voraussichtlich nicht die erste Wahl für die Verwendung von Grünstrom sein. Dann wird zu entscheiden sein, wann die letzten fossilen Kraftwerke außer Betrieb genommen werden können. Versorgungssicherheit wird die höchste Priorität haben, d.h. man wird genau beobachten, ob der länderübergreifende Lastausgleich sowie die vorhandenen Energiespeicher ausreichen, um Dunkelflauten ohne fossile Stromproduktion zu bewältigen. Evtl. anfallender Überschussstrom wird zur Wasserstoffproduktion benötigt werden. Im Ladestrombedarf der zuvor bereits in Betrieb genommenen batteriebetriebenen Fahrzeuge wird man dann eine Altlast der heutigen verfehlten Klimapolitik erkennen.

6.3.1   Fehlallokation staatlicher Ressourcen

Die schnelle Durchsetzung der Elektromobilität kommt den Staat teuer zu stehen:

- 6000 € Kaufprämie je Fahrzeug
- verringerte Dienstwagenbesteuerung (auf 50 bzw. 25 %)
- langjähriger Ausfall der Kfz-Steuer
- Subventionen für Wallboxen
- geringerer Steueranteil des Stroms im Vergleich zu Kraftstoffen

Dazu kommt die Bindung von Kapital in Milliardenhöhe zum Aufbau einer klimapolitisch nutzlosen Ladeinfrastruktur.

6.3.2   Ladeinfrastruktur

Die Unternehmensberatung Accenture möchte Energieversorgern Geschäftsbereiche aufzeigen, *„in denen sie Profite für sich generieren können"*, und nennt für 2040 erstaunliche Zahlen:

„In Deutschland wird der Wert von privaten und öffentlichen Ladestationen auf 90 Milliarden Euro geschätzt." [159]

Weltweit werden schon deutlich früher astronomische Summen erreicht: [160]

„Eine Studie der Schweizer Großbank UBS kommt zu dem Ergebnis, dass bereits bis 2025 Investitionen von weltweit bis zu 400 Milliarden Dollar (332 Milliarden Euro) nötig sein werden."

2040 wird der Differenzstrom aber noch immer mit fossilen Kraftwerken erzeugt werden; die Klimabilanz des Elektroautos wird daher weiterhin ungünstig ausfallen. Wenn frühestens gegen Mitte des Jahrhunderts das letzte Gaskraftwerk abgeschaltet worden ist, wird der so genannte Markthochlauf zusätzlicher Verbraucher wie der BEV vorsichtig erfolgen müssen und auf viele Jahre verteilt werden. Der Strombedarf darf nicht schneller zunehmen als die EE-Kapazität, damit zur Deckung der Residuallast nicht doch wieder fossile Kraftwerke angeworfen werden müssen.

Sollte es in einigen Jahrzehnten tatsächlich zu einer vollständigen Umstellung auf Elektroautos kommen, wird die verfrüht installierte Infrastruktur zum großen Teil bereits über 30 Jahre alt und erneuerungsbedürftig sein. Die bis dahin investierten Milliarden wird man als vollständig vergeudet abschreiben müssen.

6.3.3 Oberleitungs-Lkw

Für schwere Lkw im Fernverkehr ist ein rein batterieelektrischer Antrieb wegen des großen Akkugewichts prinzipiell ungeeignet:

„Für eine Lkw-Fahrt von Hamburg nach München (800 km) … bedeutet dies ein Batteriegewicht von 8,5 t. Für so große Batterien sind sowohl die verringerte Lkw-Nutzlast als auch Batteriekosten und Rohstoffbedarf kritisch.“ [161]

Dagegen sollen Oberleitungen helfen:

„Um mit kleineren und leichteren Batterien auszukommen, müssen diese unterwegs – möglichst während der Fahrt – immer wieder geladen werden. Beim System eHighway sollen die Oberleitungen auf Autobahnen entsprechend nicht nur die elektrischen Antriebe von Lkw mit Strom versorgen, sondern auch die Batterien während der Fahrt immer wieder aufladen.“ (Quelle: dito)

Das Ergebnis eines Pilotprojekts ist auf der Autobahn zwischen Frankfurt und Darmstadt zu besichtigen: [162]

Abbildung 10: Oberleitung auf hessischer Autobahn

Die Angaben für die gesamten Investitionskosten im Falle einer bundesweiten Realisierung schwanken zwischen ca. 11 [163] und 32,5 Mrd. € [164]. Autoren des Öko-Instituts möchten diese Kosten der Allgemeinheit aufbürden: [165]

„Eine Umlegung der Infrastrukturkosten auf die damit versorgten Fahrzeuge würde in einer frühen Marktphase deren wirtschaftlichen Betrieb erheblich erschweren und eine zusätzliche Markteintrittshürde darstellen."

Sie begründen das mit einer angeblich besseren Klimabilanz:

„Die Ergebnisse sind jedoch vor dem Hintergrund einzuordnen, dass die elektrischen Antriebsvarianten bis zum Jahr 2030 die höchste Minderung der Treibhausgasemissionen erzielen, ohne dass dieser Umweltvorteil in den unterstellten Baseline-Rahmenbedingungen monetär explizit honoriert wird."

Auf Seite 38 wird explizit auf die *„CO_2-Emissionsfaktoren der Stromerzeugung in Deutschland (Strommix)"* verwiesen. Somit basiert auch dieses Papier auf der Annahme viel zu niedriger CO_2-Emissionen.

Der Sachverständigenrat für Umweltfragen applaudiert:[166]

„In verschiedenen Studien wurden die technische Machbarkeit, die Wirtschaftlichkeit und die ökologischen Wirkungen einer Elektrifizierung mittels Oberleitungen untersucht (z.B. WIETSCHEL et al. 2017a). Im Ergebnis wird dieser Option regelmäßig sowohl die technische Realisierbarkeit, ein substanzieller Beitrag zur Dekarbonisierung des Güterverkehrs sowie wirtschaftliche Konkurrenzfähigkeit mit anderen Dekarbonisierungsoptionen beschieden."

Zu welchen Ergebnissen war Prof. Wietschel gekommen? Zitat:[167]

„Interessant ist, dass bei der Unterstellung des heutigen Strommixes und der Bewertung mit Durchschnittsemissionen kein CO_{2e}-Vorteil entsteht."

Zu diesem ungünstigen Ergebnis kam Wietschel trotz der Anwendung des Durchschnittsstromansatzes. Korrigiert man diesen Fehler, muss das Ergebnis für Oberleitungs-Lkw zwangsläufig vernichtend ausfallen; tatsächlich würden die CO_2-Emissionen nicht anders als bei Pkw steigen.

Die Verirrungen des Sachverständigenrats lassen sich bis in das Jahr 2012 zurückverfolgen. Zitat aus einem damaligen „Umweltgutachten":[168]

„So birgt eine europäische Lösung für mit regenerativ erzeugtem Strom versorgte Oberleitungssysteme Potenziale für das Erreichen der europäischen Klimaschutzziele, setzt aber vermutlich langwierige Abstimmungs- und Einigungsprozesse zwischen den Mitgliedstaaten voraus."

Dahinter verbirgt sich ein fundamentaler Denkfehler: Subsysteme gleich welcher Art mit Grünstrom versorgen zu wollen, scheitert nicht an *„Abstimmungsprozessen"*, sondern am Prinzip. Solange der Residualstrom fossil ist, sollte Ökostrom vorrangig Fossilstrom aus dem Netz drängen. Wer Ökostrom in andere Verwendungen umleitet (z.B.

die Versorgung eines Oberleitungssystems),[27] trägt dazu bei, dass Kohle-, Öl- und Gaskraftwerke mit unverminderter Leistung weiterlaufen.

Für Oberleitungs-Lkw werden aufgrund der kleinen Akkus[169] abseits der Oberleitungsstrecken Reichweiten bis maximal 200 km angegeben.[170] Lkw mit einer so stark eingeschränkten Alltagstauglichkeit wären wohl nur mittels dauerhaft hoher Subventionierung oder unter Androhung von Strafen durchsetzbar. Wenige unabhängige (d.h. nicht selbst in solche Projekte involvierte) Experten nur geben diesem Antriebskonzept eine Zukunft.

Wenn nicht nur die bisherige Stromerzeugung, sondern die gesamte Energieversorgung defossilisiert ist, werden die Herstellung von Strom wie auch von synthetischen Kraftstoffen frei von Treibhausgasemissionen sein. Vielen Studien zufolge wird das die Auswahlkriterien für den Antrieb aller Fahrzeuge verändern.[171] Gewicht und Bauvolumen werden dann nicht minder wichtig sein als der Antriebs-Wirkungsgrad.

Das Forschungszentrum Jülich verwarf die Idee der Oberleitungs-Elektro-Lkw aus wirtschaftlichen Gründen (die Hervorhebung wurden nachträglich hinzugefügt):[172]

*„Im Folgenden werden zwei CO2-Reduktionsszenarien analysiert, die sich ausschließlich an den Minderungszielen für das Jahr 2050 von -80 % (SZENARIO 80) und -95 % (SZENARIO 95) orientieren. .... Unter der Randbedingung der Einhaltung der Reduktionsziele lassen sich die kosteneffizientesten Maßnahmen bzw. Treibhausgasminderungsstrategien ermitteln. ... **Der Einsatz von Oberleitungs-Lkw ist in beiden Szenarien nicht wirtschaftlich und daher nicht Bestandteil des zukünftigen Technikportfolios.**“*

Ein Unternehmen hat sich aus wirtschaftlichen Gründen aus diesen Projekten bereits zurückgezogen:

„Daimler hat die Entwicklung von Oberleitungs-Lkw indes für sich ausgebremst. ‚Es gibt bereits ein ähnliches System zum Gütertransport mit Oberleitungen, das sehr gut funktioniert: Es heißt Deutsche Bahn‘, zitierte die ‚Welt‘ jüngst einen Daimler-Sprecher.“[173]

Oberleitungs-Lkw wären ökologisch unsinnig und nur eingeschränkt nutzbar. Daher ist zu erwarten, dass die nächste Generation in den stillgelegten Strommasten Monumente der verfehlten Klimapolitik von heute sehen wird.

Auf der Grundlage wissenschaftlicher Fehlberatung hat der Bund bereits klimaschädliche Fehlinvestitionen in Höhe von knapp 50 Millionen Euro in die Wege geleitet.[174] Mit dem geplanten Vollausbau auf eine Streckenlänge von rund 4.000 km droht die Vergeudung von 65 Milliarden €.[175]

---

27   Siehe dazu auch das Kapitel „Zur Klimabilanz von Selbstversorgern"

7. Besonderheiten batterieelektrischer Fahrzeuge

In den vorherigen Kapiteln wird nachgewiesen, dass der batterieelektrische Antrieb mindestens bis Mitte des Jahrhunderts keinerlei Klimavorteile im Vergleich zu Verbrennungsmotoren haben wird. Gibt es andere Vorteile, die eine rasche Einführung rechtfertigen?

7.1 Unterschiede zu anderen Antriebsarten

Autos sollen leicht sein, um den Energieverbrauch, den Reifenabrieb, den Rohstoffbedarf zur Herstellung und das Unfallrisiko für andere Verkehrsteilnehmer zu minimieren. BEV hingegen weisen ein prinzipielles Handicap auf: Sie führen ihre Antriebsenergie in einem Speicher von geringer Dichte und daher hohem Gewicht mit sich. Aufgrund der zunehmenden Verbreitung von SUV fällt dies im Pkw-Segment zurzeit kaum auf. Bei Lkw jedoch lässt sich dieser Nachteil nicht kaschieren. Von wenigen politiknahen Instituten abgesehen wird inzwischen allgemein anerkannt, dass BEV für große Entfernungen und Lasten zu schwer und damit unwirtschaftlich sind. Prof. Friedrich vom Deutschen Zentrum für Luft- und Raumfahrt e. V. hat diese Zusammenhänge für einen Vortrag in einer Grafik dargestellt: [176]

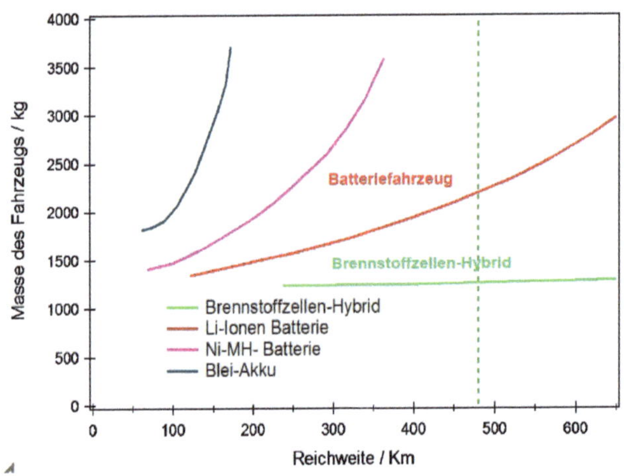

Abbildung 11: Fahrzeugmasse je nach Reichweite

Für den Lastentransport besonders ungünstig ist auch der große Platzbedarf der Akkus:

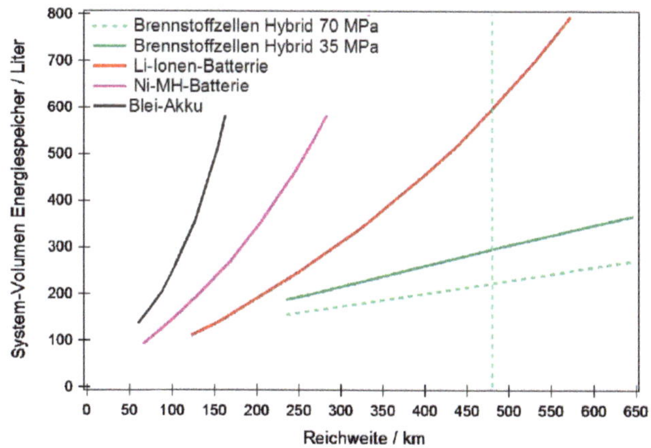

Abbildung 12: Platzbedarf des Energiespeichers je nach Reichweite

Aus diesen Gründen ist der batterieelelektrische Antrieb nur für kurze Entfernungen und geringe Transportlasten wirtschaftlich einsetzbar. Der Lkw der Zukunft wird kein BEV sein.

Diese Nachteile schließen nicht aus, dass die Elektromobilität sich besser als andere Antriebskonzepte in das Gesamtsystem der zukünftigen Energieversorgung einfügt. Darum soll es in den folgenden Kapiteln gehen.

7.2 Elektromobilität und Energiewende

Jede Phase der Energiewende erfordert unterschiedliche Maßnahmen: Was heute keinen Nutzen hat, kann bald schon sinnvoll und in einigen Jahren unumgänglich sein. Das gilt grundsätzlich auch für die Elektromobilität.

Das Elektroauto hat nicht nur einen effizienten Antrieb, sondern bietet auch Möglichkeiten zur Integration in das Stromversorgungssystem:

- Das Lademanagement kann helfen, Bedarfsspitzen zu vermeiden.
- Der Begriff „Vehicle to grid" (V2G, zu Deutsch: vom Fahrzeug zum Netz) bezeichnet die Idee, momentan entbehrliche Energie aus den Antriebsakkus bei Bedarf in das öffentliche Stromnetz zurückzuspeisen.

Bedeutet dies, dass Elektroautos die Energiewende unterstützen und beschleunigen können? Lässt sich daraus ein Grund ableiten, Verbrennungsmotoren so schnell wie möglich abzuschaffen?

7.2.1 Elektroautos als Verbraucher von Überschussstrom

Schon das „Regierungsprogramm Elektromobilität" aus dem Jahr 2011 enthält Vorschläge zur umweltfreundlichen Versorgung der Elektroautos mit Ladestrom:

„Der zusätzliche Bedarf an elektrischer Energie in diesem Sektor ist durch Strom aus Erneuerbaren Energien zu decken. Vorrangig sollte dafür der anderweitig nicht nutzbare Strom aus fluktuierenden Erneuerbaren Energien im Rahmen des Lastmanagements durch Elektromobilität genutzt werden." [1177]

Das steht allerdings im Widerspruch zu Untersuchungsergebnissen, wonach es zweckmäßiger ist, Überschuss-Strom dorthin zu leiten, wo er benötigt wird:[1178]

„Die Forscher haben untersucht … ob … die Überschüsse an Strom aus fluktuierenden erneuerbaren Energien gezielt durch Elektroautos genutzt werden könnten. Sie kamen zu überraschenden Resultaten: Wenn der Ausbau der Leitungsnetze bis 2030 so funktioniert, dass Netzengpässe kein Problem mehr darstellen, dann wird der fluktuierende erneuerbare Strom aus Wind und Sonne fast immer vollständig durch herkömmliche Verbraucher genutzt – auch ganz ohne Elektrofahrzeuge."

Ein anderes Gutachten im Auftrag eines Bundestagsausschusses ergab ebenfalls, dass Elektroautos nur einen unbedeutenden Teil des Überschuss-Stroms aufnehmen könnten:[1179]

„Nach Berechnungen von Pehnt et al. (2011) können bei 12 Mio. Elektrofahrzeugen im Jahr 2030 rund 3,5% des Überschussstroms aus erneuerbaren Energien, welcher sonst nicht genutzt werden kann, verwendet werden."

Diese Untersuchung betrachteten nur den inländischen Stromhandel. Der Aufbau eines europäischen Supergrids kann die Phase ohne ungenutzte Stromüberschüsse noch weiter in die Zukunft verschieben:[1180]

„Auf HGÜ-Technik basierende kontinentale Stromnetze werden als wichtiger Bestandteil erneuerbarer Energiesysteme gesehen, da sie in der Lage sind, die regional unterschiedliche Einspeisung erneuerbarer Energien teilweise auszugleichen und somit den Bedarf an Stromspeichern reduzieren."

Das bedeutet:

- Grüner Überschuss-Strom tritt heute nur selten auf (2020 wurden nur knapp 3 %[1181] der gesamten Erzeugung aus EE abgeregelt) und wird auf absehbare Zeit in nennenswertem Umfang nur dort entstehen, wo der Netzausbau vernachlässigt wurde
- Nähert sich in einigen Jahrzehnten die Ökostromquote den hundert Prozent, wird der überregionale Überschussstrom zur Wasserstoffproduktion und zur internationalen Netzstabilisierung benötigt werden

Ein Bedarf an Elektroautos zur Aufnahme von Überschussstrom ist in keiner Phase der Energiewende erkennbar. Elektroautos unterstützen die Energiewende nicht – im Gegenteil: Sie sind in erster Linie zusätzliche Stromverbraucher, die das Stromnetz unnötig belasten.

7.2.2 Lastmanagement

Der steigende Anteil von Strom aus fluktuierenden Energien gefährdet ohne Gegenmaßnahmen die Netzstabilität. Lastmanagement soll die Lastspitzen mit den Ökostrom-Produktionsspitzen synchronisieren und einen größeren Anteil des produzierbaren Ökostroms nutzbar machen. Elektroautos helfen dabei nicht, sondern destabilisieren das Netz zusätzlich. 2008 stellte der damalige Leiter „Technische Grundsatzfragen und neue Technologie" von E.on fest: [1182]

> „...ein Lastmanagement ist dabei unumgänglich, denn ‚zu Stoßzeiten können wir keinen weiteren Abnehmer gebrauchen'. Schon bei 15% Marktanteil an EV (ca. 8,4 Mio. Fahrzeuge) würden acht zusätzliche Spitzenlastkraftwerke benötigt werden...“

Schon ein kleiner Teil der angenommenen 47,7 Millionen Autos könnte die Netzleistung massiv ansteigen lassen:

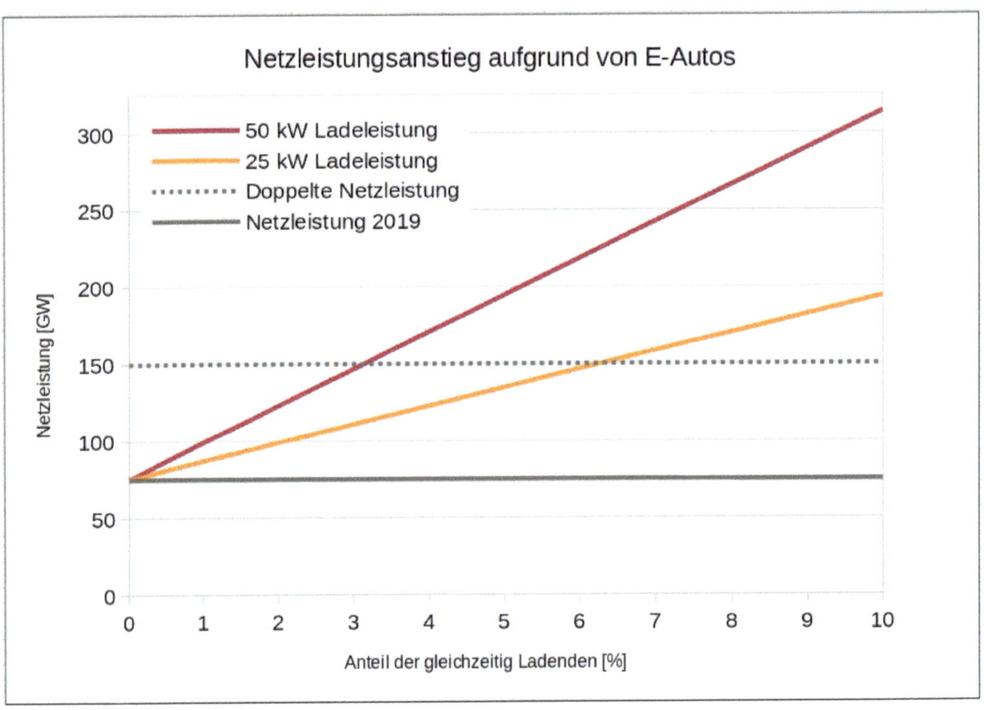

Abbildung 13: Lade- und Netzleistung

Der Anteil der gleichzeitig Ladenden entspricht dem so genannten Gleichzeitigkeitsfaktor. Um nur 3 % der Autos gleichzeitig mit 50 kW zu laden, müsste die Netzleistung bereits verdoppelt werden (siehe der Schnittpunkt der roten und der gepunkteten Linie). Aktuelle Empfehlungen zur Auslegung von Niederspannungsnetzen sehen Gleichzeitigkeitsfaktoren von weit über 10 % vor.[183]

50 kW Ladeleistung ist nicht viel: Die meisten Schnellladestationen von Tesla geben zwischen 150 und 250 kW an; für neue Stationen werden bereits 300 kW angekündigt. Neue Super-Akkus sollen mehrfach höhere Ladeleistungen ermöglichen. Die dann erforderlichen Netzleistungen lassen sich im obigen Diagramm gar nicht mehr darstellen.

Ein Vollausbau der Elektromobilität würde ohne Stromrationierung zum Netzzusammenbruch führen.

Praktiker warnen: [1184]

„ 'Die Reserven in den Niederspannungsnetzen sind nicht so hoch wie oft angenommen', so der österreichische Strommanager Reinhard Nenning, Leiter des Arbeitskreises Verteilernetze beim Verband Österreichs Energie in Wien. ‚Wir haben das Problem, dass wir nicht zu jedem Zeitpunkt jede Leistung zur Verfügung stellen können. Unsere Netze kommen ins Schwitzen, wenn gleich mehrere Elektroautos in einem Wohngebiet mit 11 oder gar 22 kW laden', so Nenning auf dem ATZ-Kongress. Die Stromnetze seien zwar an den wachsenden Bedarf angepasst worden, allerdings seien die Reserven für eine stark wachsende Stromnachfrage durch die Elektromobilität zu gering. “

In Großbritannien sorgt man heute schon vor:[1185]

„Um den Stromnetz-Kollaps zu verhindern: Erstes Land stellt E-Autos den Saft ab Wer ab Mai 2022 im UK morgens zwischen acht und elf Uhr sein Auto an die hauseigene Ladesäule ansteckt, staunt nicht schlecht. Denn laut einem Bericht der englischen Tageszeitung Times plant die britische Regierung, für Stoßzeiten private Ladesäulen vom Netz zu nehmen, um einen System-Blackout zu verhindern. “

Andere Länder werden folgen:[1186]

„Stromnetzbetreiber aus mehreren EU-Ländern wollen ab 2021 den Ladestrom an privaten Ladestationen beschränken. So soll verhindert werden, dass es in Spitzenzeiten zur Überlastung der Verteilernetze kommt. “

Elektromobilität bedeutet für das Stromnetz vor allem eine zusätzliche Last und erhöht die Dringlichkeit von Lastmanagement. Das ist bereits seit langem bekannt. In einer Kurzstudie des WWF wurde schon 2009 festgestellt: [1187]

„Eine ungesteuerte Aufladung der Akkus der Elektrofahrzeuge birgt das Risiko erheblicher zusätzlicher Lastspitzen sowohl im Hinblick auf den Kraftwerkseinsatz als auch auf die Netzbelastung, das volkswirtschaftlich nicht akzeptabel ist. Elektromobilität ist mithin einzubetten in ein umfassendes intelligentes Lastmanagementsystem unter Einbeziehung fluktuierender Angebots- und Nachfragemuster. “

Auf die Treibhausgasemissionen kann sich das speziell für E-Autos erforderliche Lademanagement einer Untersuchung des Öko-Instituts von 2011 zufolge sogar ungünstig auswirken:

„Das Lademanagement sorgt für die möglichst kostengünstige Produktion des zusätzlich erzeugten Stroms. Daher verschiebt es die Ladung der Autos in solche Stunden, in denen das Grenzkraftwerk ein möglichst kostengünstiges ist ... Durch den zusätzlichen Verbrauch der Elektrofahrzeuge wird also nicht einfach mehr Strom

mit durchschnittlicher Emissionsintensität produziert, sondern besonders CO_2-intensiver Strom."[188]

2017 zog dieses Institut ein ernüchterndes Fazit:

„Zusammenfassend lässt sich sagen, dass Elektrofahrzeuge in den Verteilnetzen nicht zwingend zur Integration erneuerbarer Energien beitragen, sondern überwiegend eine zusätzliche Belastung insbesondere für das Verteilnetz darstellen. Diese ist jedoch durch intelligente Ladestrategien und Netzregelung durch die Ladestationen in den Griff zu bekommen."[189]

Die weit verbreitete Annahme, das Lademanagement der Elektroautos sei dazu geeignet, die Energiewende zu beschleunigen, ist falsch. Tatsächlich soll diese Technik Probleme lösen, die von den Elektroautos erheblich verschärft werden. Die Ladevorgänge der BEV müssen gesteuert werden, um den Bau von Kraftwerken nur zur Deckung des zusätzlichen Leistungsbedarfs zu vermeiden.

7.2.3   Höhere Netzverluste

Bei gleichmäßigem Stromfluss sind die Verluste im Stromnetz am geringsten (bei Nennlast ca. 5% der abgegebenen Leistung). Steigt die Netzleistung aufgrund schwankender Einspeisung oder Abnahme zeitweise stark an, um die benötigte Energie in kürzerer Zeit zu übertragen (z.B. zur Versorgung von Schnellladesäulen), so nehmen die Verluste quadratisch zu. Verengt sich das Zeitfenster auf 24 % der bisherigen Zeit, so betragen die Netzverluste bei konstanter Last ca. 27 % der Netzleistung; bei einem Zeitfenster von nur 11 % kann die gewünschte mittlere Leitung gar nicht mehr über das Netz übertragen werden. Verlust- und Nutzleistung sind dann etwa gleich groß:[190]

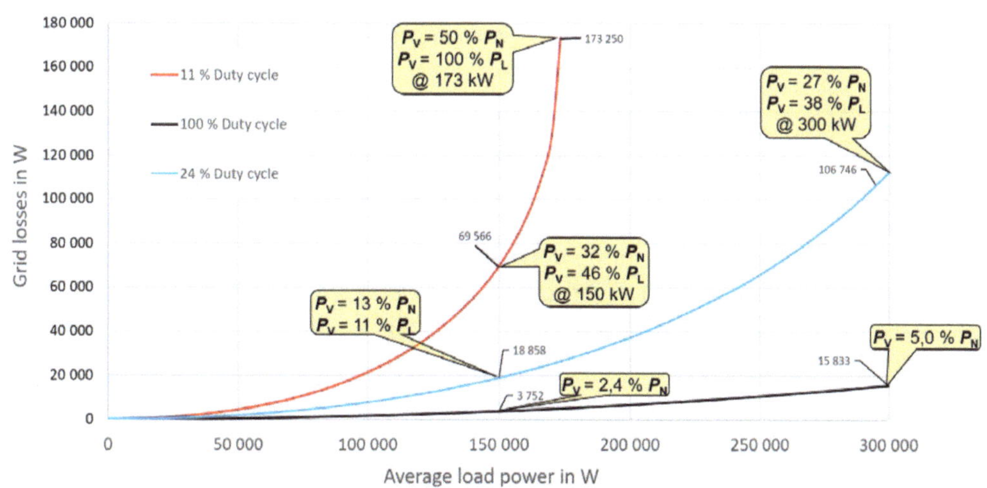

Abbildung 14: Einfluss von Lastschwankungen auf den Netzwirkungsgrad
(Die Verbraucherleistung P_L ist gleich der Netzleistung P_N verringert um die Netzverluste P_V)

Es ist wenig bekannt, dass Stromnetze grundsätzlich ungeeignet sind, um hohe Leistungen punktuell und für kurze Zeiten zur Verfügung zu stellen. Diese besondere Anforderung der Elektromobilität erfordert hohe Investitionen nur zur Vermeidung von Blackouts aufgrund von Lastspitzen. Thomas Jordan, Professor am Institut für thermische Energietechnik und Sicherheit (ITES) des Karlsruher Instituts für Technologie (KIT), lässt daran keine Zweifel: [191]

"Für flächendeckenden E-Auto-Verkehr bräuchten wir ein neues Stromnetz."

Die Defossilisierung der Stromversorgung wird auf diese Weise unnötig verteuert und verzögert.

7.2.4   Akkus als Langzeit-Stromspeicher?

Als Langfristspeicher sind Elektroauto-Akkus viel zu klein:

„1 Million Elektroautos können lediglich 10 GWh an elektrischer Energie aufnehmen, wenn man 10 kWh/Fahrzeug zu Grunde legt." [192]

Die Nettostromerzeugung betrug im Vorkrisenjahr 2019 511 TWh.[193] 47 Millionen elektrifizierte Pkw würden unter den obigen Bedingungen etwa 0,47 TWh Speicherkapazität zur Verfügung stellen können – womit sich Deutschlands Strombedarf von gerade mal neun Stunden decken ließe. Zur Überbrückung längerer Dunkelflauten von zwei Wochen Dauer braucht es etwa um den Faktor 40 größere Speicherkapazitäten. Elektroautos sind für diesen Zweck nutzlos.

7.3   Sinnvolle Anwendungsnischen für Elektroautos

BEV und ICEV verhalten sich je nach Betriebsbedingungen teils gegensätzlich. Im Stadtverkehr sinkt der Verbrauch von Elektroautos; für ein typisches Kompaktfahrzeug ermittelte das IFEU einen mittleren Wert von 12,8 kWh/100 km.[1194] Rechnet man korrekt mit dem fossilen Strommix, so ergeben sich mit einem Akku von 38 kWh sowie dem fossilen Marginalstrommix von 2020 Treibhausgasemissionen von ca. 190 g CO_2/km; das entspricht Kraftstoffverbräuchen von 6,0 Liter Diesel oder 6,6 Liter Benzin. Sogar Kleinwagen verbrauchen mehr, wenn die Motoren im extremen Kurzstreckenbetrieb die Betriebstemperatur nicht erreichen können:

„Der Verbrauch kann dabei in der Startphase – also etwa den ersten vier Kilometern – auf bis zu 30 l/100 km ansteigen ...“ [1195]

Als weiterer Vorteil von Elektroautos kommt hinzu, dass diese in ihrer unmittelbaren Umgebung abgasfrei sind. Damit ist die sinnvolle Verwendung für BEV gefunden: Stop-and-Go-Verkehr auf Kurzstrecken.

Das ist allerdings eine (schrumpfende) Anwendungsnische, ist es doch erklärtes Ziel der Verkehrsplaner, Autos aus den Städten so weit wie möglich herauszuhalten und die Bevölkerung zum Umstieg auf ÖPNV und Fahrrad zu bewegen. Aller Euphorie der Akteure zum Trotz hat sich daher an der Richtigkeit dieser Einschätzung aus dem Jahre 2012 von Thomas Döring (Leiter des Zentrums für Forschung und Entwicklung der Hochschule Darmstadt) nichts geändert:[1196]

„...auch wenn der Anteil an erneuerbaren Energien an der gesamten Stromerzeugung deutlich ansteigen sollte, kann aus umweltökonomischer Sicht kritisch hinterfragt werden, ob eine Verwendung dieser Energieträger im Verkehrsbereich unter Berücksichtigung des aktuellen Entwicklungsstands der Elektromobilität ebenso wie deren vorrangiger Nutzung im Bereich des Individualverkehrs umweltökonomisch die richtige Allokationsentscheidung darstellt. Viel mehr wäre zu prüfen, ob die mit regenerativen Energien verbundene Vermeidung von klimaschädlichen Gasen nicht zweckmäßiger in den gesellschaftlichen Bereichen zum Einsatz kommen sollte, in denen ein vergleichsweise hoher Energieverbrauch (z.B. energieintensive Wirtschaftsbranchen oder der Bereich der privaten Haushalte jenseits des Mobilitätsaspektes) zu hohen CO2-Emissionen führt, die auf diese Weise merklich reduziert werden könnten. ...

Dies schließt jedoch nicht aus, dass in bestimmten Marktnischen der Gebrauch von Elektrofahrzeugen umweltbezogen wie in wirtschaftlicher Hinsicht als zweckmäßig eingestuft werden kann. Dies betrifft vor allem den urbanen Raum, wo die geringe Reichweite keine oder eine untergeordnete Rolle spielt. Zudem eignen sich die städ-

tischen Verdichtungs- und Agglomerationsräume nicht nur für eine verstärkte Nutzung von Elektroautos, sondern auch von E-Fahrrädern und E-Motorrädern."

8.   Blick über die Landesgrenzen

Elektroautos können nur dann klimafreundlich sein, wenn der Marginalstrom nicht aus fossilen Primärenergieträgern erzeugt wird. Heute ist das nur in sehr wenigen Ländern wie Norwegen der Fall.

Anfang 2021 berichtete die International Energy Agency (IEA), wie sich der Strommix veränderte, als im Vorjahr aufgrund der Corona-Lockdowns die Stromnachfrage vorübergehend sank. Die globale Bilanz ist eindeutig: [197] [28]

„In allen großen Regionen hat sich der Strommix nach den Abschaltmaßnahmen aufgrund der gesunkenen Stromnachfrage, der niedrigen Betriebskosten und der Vorrangsregelungen in Richtung erneuerbare Energien verschoben. Mit der Lockerung der Sperrmaßnahmen kehrten die Stromnachfrage und der Strommix zu den vorherigen Trends zurück."

Ob in China, Indien oder den USA: Eine höhere Stromnachfrage wurde praktisch überall überwiegend von Kohlekraftwerken gedeckt. Daran wird sich zunächst kaum etwas ändern. Der Anteil fossiler Energien an der Stromerzeugung ist in nahezu allen Regionen der Erde hoch. Die IEA gibt für 2019, das Jahr vor der Corona-Krise, einen globalen Fossilstromanteil von 63,1 Prozent an: [198]

China	67 %
Indien	76 %
Japan	69 %
Philippinen	79 %
Russland	63 %
Südafrika	89 %
Südkorea	69 %
USA	62 %

Tabelle 4: Internationale Fossilstromquoten 2021 [199]

---

28 In deutscher Übersetzung mit nachträglichen Hervorhebungen

Auf globaler Ebene ist der Kohleausstieg noch ferne Zukunft: [1200]

„China, Indien, Indonesien, Japan und Vietnam planen demnach den Bau von mehr als 600 Kohlekraftwerken. Insgesamt sollen die Kraftwerke 300 Gigawatt Energie erzeugen - das entspricht der gesamten Erzeugungskapazität Japans."

Mehr Elektroautos sind der Welt für die kommenden Jahrzehnte wegen der tendenziell höheren Treibhausgasemissionen nicht zu wünschen.

China

2019 betrug der Kohlestromanteil in Deutschland knapp 30 Prozent; in China waren es 67 Prozent. Nicht nur dort wird der Marginalstrom voraussichtlich noch deutlich länger als in Deutschland fossiler Natur sein. Die massive Förderung von Elektroautos in China verdient es daher, eine klimapolitische Dummheit genannt zu werden:

„China, das derzeit massiv den Ausbau der Elektromobilität fördert, ist nach Ansicht der Berater von Arthur D. Little strukturell noch gar nicht auf die Energiewende auf der Straße vorbereitet. Ein durchschnittliches Elektroauto liegt dort im Flottenschnitt bei einem Ausstoß von 167 Gramm und ist damit sogar klimaschädlicher als ein sparsamer Verbrennungsmotor." [1201]

Und schließlich stellt sich auch in China die Frage nach dem langfristigen Sinn des Elektroautos, sollte der Übergang zur Elektromobilität in einigen Jahrzehnten dank grünem Strom vernünftig erscheinen:

- Für große Transportlasten sowie die noch viel größeren Entfernungen taugen BEV auch in China nicht.
- Chinesische Megastädte mit elektrifizierten Kleinfahrzeugen in riesigen Stückzahlen zu fluten, kann kein Ergebnis rationaler Städteplanung sein. Für den dortigen Nahverkehr ist der ÖPNV zweifellos besser geeignet.

Sollte die chinesische Regierung wider alle Vernunft an Quoten für batterieelektrische Fahrzeuge festhalten, dann haben europäische Automobilhersteller natürlich keine andere Wahl, als solche Fahrzeuge für diesen Markt anzubieten. Aber kann das ein hinreichendes Motiv sein, um hierzulande Steuergeld zum Aufbau einer Infrastruktur zu verschwenden, die klimapolitisch völlig nutzlos, ja sogar hinderlich ist? Warum Chinas Fehler hier wiederholen?

9. Fazit zur Rolle des E-Autos in der Energiewende

> - *Man baue die E-Autos im Wissen, dass sie alles andere als die automobile Zukunft seien.*
> - *Es zu machen ist billiger, als es nicht zu machen, hat mir mal ein Automanager gesagt, es ist sinnlos, aber es kostet weniger.*
> - *Es geht weder um die Umwelt, noch um die Kunden.*
>
> *Zitate aus: Timm Koch – Das Super-Molekül* [202]

Die Energiewende steht kopf. Wenn das Ziel der Politik geringere Treibhausgasemissionen sind, warum wird dann …

- zusätzlicher Stromverbrauch geschaffen, der von fossilen Kraftwerken zu decken ist?

- die Energiewende auf diese Weise um Jahre verzögert?

- nicht abgewartet, bis Elektroautos tatsächlich mit grünem Strom fahren (d.h. Ökostrom in so großen Mengen produziert wird, dass er trotz Netzausbaus keine anderen Abnehmer findet)?

- Stromverbrauch subventioniert, statt mit diesem Geld verstärkt klimapolitisch sinnvolle Maßnahmen zu finanzieren?

- die Abschaffung der Steuervorteile von Erdgasautos diskutiert, obwohl diese viel niedrigere CO_2-Emissionen als Fossilstrom-E-Autos aufweisen?

- Steuergeld für Mitnahmeeffekte zugunsten einkommensstarker Käufer vergeudet (deren klimaschädliche Elektro-Spaßmobile über die Verbrauchssteuern auch von Beschäftigten im Niedriglohnsektor mitfinanziert werden)

- eine Industriebranche einer existenzbedrohenden Krise ausgesetzt, obwohl verbrauchsminimierte Antriebe mit Verbrennungsmotoren noch für Jahrzehnte niedrigere CO_2-Emissionen aufweisen und mit Synfuels in Zukunft emissionsfrei betrieben werden können?

Um Klimapolitik geht es dabei offensichtlich nur am Rande. Es hat den Anschein, dass Politiker versuchen, eine Industriepolitik durchzusetzen, die im Grunde nur sie selbst für weitsichtig und zukunftssicher halten - gegen alle Fakten und gegen den Widerstand eines großen Teils der Bevölkerung sowie der Wirtschaft. Dabei können sie auf die Unterstützung von Wissenschaftlern setzen, die von Aufträgen für Gutachten und Pilotprojekte profitieren.

Das Sondergutachten „Umsteuern erforderlich: Klimaschutz im Verkehrssektor" von 2017 des Sachverständigenrats für Umweltfragen bestärkte sie auf diesem Irrweg:

„Die notwendige Dekarbonisierung des Verkehrs und die damit verbundene Trans-formation des existierenden sozio-technischen Systems sollte daher als ökonomische Chance für eine innovative und wettbewerbsfähige Mobilitätsbranche in Deutsch-land begriffen werden. … Dabei sollte der Fokus der Förderung nach Ansicht des SRU zunächst vor allem auf batterieelektrische Fahrzeuge gerichtet werden.“ [203]

Damit empfiehlt dieses Gremium, ausgerechnet die Fahrzeuge zu fördern, mit denen eine Verringerung der Treibhausgasemissionen in den kommenden Jahrzehnten fak-tisch ausgeschlossen ist.

Barbara Hendricks rückte 2017 in einem Interview mit den Stuttgarter Nachrichten ebenfalls industriestrategische Aspekte in den Vordergrund:

„Das Ende des mit fossilen Kraftstoffen betriebenen Verbrennungsmotors wird vor allem durch die Macht des Faktischen kommen. Im Jahr 2030 werden in Deutsch-land drei Millionen neue Fahrzeuge verkauft, in China 40 Millionen. China setzt ra-dikal auf Elektromobilität, um seine Luftprobleme in den Griff zu bekommen. Wollen wir auf deren riesigem Markt eigentlich keine Rolle spielen? Wenn ich die deutschen Automobilmanager auffordere, sich an die Spitze dieser Bewegung zu stellen, dann dient das nicht nur dem Umweltschutz, sondern vor allem dem künftigen Automobil-standort Deutschland und den vielen damit verbundenen Jobs. Manchmal wundere ich mich wirklich darüber, dass ich das denen als Umweltministerin erklären muss. Bei deren Gehalt sollten die eigentlich selbst darauf kommen.“ [204]

„Vor allem“ um den *„künftigen Automobilstandort Deutschland“* ging es ihr also. Welche beruflichen Leistungen und Erfahrungen qualifizierten Frau Hendricks für in-dustriepolitische Weichenstellungen mit derart weitreichenden Folgen?

Die Website der Partei „Bündnis 90/Die Grünen“ ließ 2019 ähnliche Motive erkennen:

„Wir wollen verhindern, dass es der Autoindustrie so geht, wie den Kohle- und Atomriesen E-On und RWE, die zu lange aufs falsche Pferd gesetzt haben … Besser ist es, den beschrittenen Weg mit ambitionierten europäischen CO2-Flottengrenz-werten fortzusetzen und zugleich den Ausstieg aus der Produktion fossiler Verbren-nungsmotoren festzulegen.“ [205]

Worin besteht die Legitimation solcher Zielsetzungen und folgenreichen Entscheidun-gen? Kann es sein, dass fachfremdes, aber zielbewusstes Personal Führungspositionen in Ministerien und Behörden besetzen konnte und Fördergelder fortan vorrangig an die Institute verteilte, deren Auftragsstudien die gewünschten Inhalte enthalten? Etwas zu-gespitzt formuliert: Weil Verbrennungsmotoren für Frau Hendricks & Co. des Teufels sind, muss der Steuerzahler die Einführung von Elektro-Spaßmobilen für Wohlhaben-de sponsern, ohne dass dies dem Klima irgendetwas nützt. Gleichzeitig bleiben sinn-volle Investitionen weit hinter dem Notwendigen zurück. Damit handelte es sich um eine staatlich organisierte Fehlallokation von Ressourcen, unterstützt von Gutachten zur Kollaboration bereiter Wissenschaftler.

Übrigens hat sich auch die Annahme, China setze radikal auf die E-Mobilität, längst als falsch herausgestellt, wie u.a. aus diesem Interview des Manager Magazins mit dem Berater Wolfgang Bernhart hervorgeht: [206]

> *„Und vergessen Sie nicht, dass die chinesische Regierung mehrgleisig fährt. Deren Elektrooffensive gilt vor allem für die besonders stark von Stickoxidemissionen betroffenen Großstädte. Aber den Verkauf von Verbrennern wird man dort nicht stoppen. Die chinesischen Hersteller sollen diese Autos ja auch weiter in Schwellenländer exportieren.“*

So kam es dann auch: [207]

> *„Wie die Nachrichtenagentur Reuters berichtet, laufen die Kauf-Subventionen für "New Energy Vehicles" (NEV) - darunter werden in China neben reinen Elektroautos auch Hybride geführt - wie geplant Ende 2022 komplett aus.“* [29]

---

29 Zwar wird den Herstellern für 2025 eine Elektroautoquote vorgeschrieben; diese liegt aber nur bei maßvollen 20 Prozent.

10. Ausblick in die Zukunft

Die EU-Kommission hat sich auf Elektromobilität festgelegt. Doch sie wird auf Hindernisse stoßen:

- Im größten Teil der Welt steht das Ende des Verbrennungsmotors wegen der teuren Ladeinfrastruktur nicht zur Debatte.

- Nicht einmal in Europa ist dieses Ziel unumstritten; vor allem in Süd- und Osteuropa regt sich Widerstand. Ein großer Teil der Bevölkerung wird sich E-Autos nicht leisten können.

- Dass ein Vollausbau der Elektromobilität das Stromnetz aufgrund der Lastspitzen häufig überfordern würde, ist noch nicht ins allgemeine Bewusstsein vorgedrungen. Elektroautos wie herkömmliche Fahrzeuge überall und zu beliebigen Zeiten schnell zu laden, wird auf absehbare Zeit nicht möglich sein. Diese zukünftige Alltagserfahrung könnte die Akzeptanz nachhaltig beschädigen.

- Studien warnen vor Abhängigkeiten von Lieferländern und Rohstoffengpässen.

- Wohlstandsverlust droht: Der Wissensvorsprung der europäischen und der japanischen Automobilindustrie hatte sich für chinesische Hersteller über Jahrzehnte als uneinholbar erwiesen. Mit der Schließung der Entwicklungsabteilungen in Europa wandert das Knowhow nach China ab. Moderne Verbrennungsmotoren für Exportmärkte werden zukünftig dort produziert werden.

- Beim elektromotorischen Antrieb haben europäische Hersteller keinerlei Wettbewerbsvorteile: Tesla baut die besseren E-Autos und China produziert billiger. Der europäischen Automobilindustrie droht das Schicksal, auf dem Heimatmarkt von chinesischen Herstellern überrollt zu werden.

- Die mehreren hundert Millionen Bestandsfahrzeuge können nur mit synthetischen Kraftstoffen entfossilisiert werden. Sind diese erst einmal verfügbar, entfällt das wichtigste Argument gegen Verbrennungsmotoren.

- Elektrischer Strom wird auch gegen Mitte des Jahrhunderts noch knapp sein. Zusatzstrom wird weiterhin mit Wärmekraftwerken erzeugt werden müssen.[30] Diese werden heute mit Kohle, bald mit Erdgas und später mit teuren Synfuels befeuert werden. Damit wird die Konkurrenz um eine direkte Verwendung des hierzulande aus Sonne und Wind erzeugten und knappen Grünstroms zunehmen. Notwendige Verbraucher werden Vorrang eingeräumt bekommen; Luxusverbraucher wie Elektro-Spaßmobile werden das Nachsehen haben.

---

30 Kernkraftwerke könnten diese Rolle auch übernehmen, tragen weltweit aber nur etwa 10 Prozent zur Stromerzeugung bei und werden im deutschsprachigen Raum politisch blockiert

10.1 Rahmenbedingungen

Der Verkehrssektor darf nicht isoliert betrachtet werden, weil er mit anderen Energie-
verbrauchern um dieselben Primärenergiequellen konkurriert :

- 2019 wurden in Deutschland Benzin- und Dieselkraftstoffe mit insgesamt 595 TWh
  Energiegehalt verbraucht (darin ist auch Kraftstoff für nicht elektrifizierbare
  schwere Landfahrzeuge enthalten) [208]
- Die Nettostromerzeugung betrug 511 TWh [209]
- Der Primärenergieverbrauch aller Verwendungen (incl. Wärmeerzeugung und
  Verkehr) war mit 3387 TWh fast siebenmal so groß [210]

Alle Endenergieverbraucher sollen direkt oder indirekt elektrifiziert werden. Die Verkehrswende ist wegen des kleinen Anteils am Gesamtverbrauch für den Erfolg der
Energiewende von untergeordneter Bedeutung und wird sich nach Randbedingungen
richten müssen, die ihr von den Notwendigkeiten der Defossilisierung der anderen
Sektoren vorgegeben werden.

10.2 Der Bedarf an Strom wird schneller als das Angebot steigen

Die Konkurrenz um den knappen Grünstrom wird sich aus einer Reihe von Gründen
verschärfen:

- Manche heute postulierte Effizienzverbesserung wird nicht realisierbar sein
- Umwandlungsverluste werden sogar zu Effizienzverschlechterungen führen
- Neue Energieverbraucher kommen hinzu

10.2.1 Einige postulierte Effizienzverbesserungen sind fraglich

Viele Autoren prophezeien eine starke Verringerung des Primärenergiebedarfs
aufgrund von Effizienzverbesserungen - so auch Volker Quaschning, Professor für
Regenerative Energiesysteme:

> *„Während der gesamte Primärenergiebedarf zwischen den Jahren 1990 und 2012
> nur leicht gesunken ist, wird er durch effizientere Energienutzung und sinkende Be-
> völkerungszahlen bis zum Jahr 2050 erheblich abnehmen ... Insgesamt lässt sich der
> Primärenergiebedarf in Deutschland mehr als halbieren.“* [211]

Solche Ankündigungen sind indes mit Vorsicht zu betrachten, denn zur Frage, auf welche Weise genau die Effizienz so stark gesteigert werden soll, finden sich meist nur vage Andeutungen.

Beispiel Chemie: Das UBA nennt in der so genannten RESCUE-Studie[1212] von 2019 für fünf von sechs Szenarien als Endenergiebedarf der chemischen Industrie im Jahre 2050 einen Wert von 400 TWh und merkt dazu an (s.S. 254):

> *„Die konservative Annahme zur Bedarfsentwicklung impliziert, dass die wirtschaftliche Entwicklung der chemischen Industrie in diesem Bereich vom Rohstoffbedarf entkoppelt ist, bzw. dass steigender Rohstoffbedarf durch gesteigerte Rohstoffeffizienz ausgeglichen wird.“*

Diese Prognose beruht indes auf unsicheren Annahmen:

> *„Die komplexen Produktionsstrukturen in der chemischen Industrie konnten modellendogen jedoch nicht hinreichend abgebildet werden und auf eine exogene pauschale Änderung wurde verzichtet.“*

Der Verband der Chemischen Industrie hat seine eigenen Prozesse etwas genauer betrachtet und kommt in der im selben Jahr veröffentlichten „Roadmap Chemie“ auf einen deutlich höheren Energiebedarf. Er geht davon aus, dass der externe Strombedarf von 35 TWh im Jahre 2020 auf 666 TWh[1213] im Jahre 2050 ansteigen wird. Die Differenz zu den Annahmen des UBA beträgt 266 TWh – mehr als die gesamte deutsche Ökostromproduktion des Jahres 2019![1214]

10.2.2 Einige Elektrifizierungen verringern die Effizienz

Das Außerachtlassen der spezifischen Anforderungen vieler industrieller Bereiche ist ein weiterer Grund, warum viele Studien zur Energiewende so auffallend optimistisch ausfallen:

> *„Elektromotor und Wärmepumpe sind die beiden Musterbeispiele der Energiewende. Bewusst nicht erwähnt werden in solchen Betrachtungen deutlich schlechtere Elektrifizierungs-Wirkungsgrade bei anderen Anwendungen.“[1215]*

	Anwendungsfall	Strombedarf in PJ	Nutzenergie in PJ	Mehrverbrauch [%]
Elektrizität	direkt/gepuffert	1.671	1.671	0
	Saisonspeicher	349	137	154
	Verklappung Überproduktion	971		
Verkehr	PKW, Bahn, Nutz-KFZ direkt/gepuffert	543	447	21
	PKW, Bahn, Nutz-KFZ Saisonspeicher	113	37	209
	LKW	714	254	181
	Schiff	605	198	205
	Flugzeug	679	151	351
Wärme	Raumwärme, Warmwasser direkt/gepuffert	804	2.413	
	Raumwärme, Warmwasser Saisonspeicher	168	198	
	Prozesswärme direkt/gepuffert	1.659	1.493	11
	Prozesswärme Saisonspeicher	346	123	182
	SUMME	**8.623**	**7.122**	

Tabelle 5: Steigender Stromverbrauch aufgrund von Umwandlungsverlusten
(am 12.3.2022 abgerufene und modifizierte Tabelle)

Beispiele sind Kraftstoffe für nicht elektrifizierbare Fahrzeuge, Schiffe und Flugzeuge, Brennstoffe für die industrielle Hochtemperaturerzeugung oder der nichtenergetische Einsatz von Wasserstoff, z.B. als Reduktionsmittel. So kommen zu den bereits erwähnten 666 TWh für die Chemieindustrie noch etwa 176 TWh für die Stahlindustrie [1216] und 82 TWh für Raffinerien [1217] hinzu. Allein diese drei Branchen werden Deutschlands Nettostromverbrauch von 2019 (507 TWh) fast verdreifachen.

10.2.3 Neue Anwendungen werden mehr Strom verbrauchen

Auch in Zukunft werden immer wieder neue Verbraucher hinzukommen. So soll z.B. der Anteil der Informations- und Kommunikations-Technik am globalen Strombedarf von 8 auf bis zu 21 % im Jahre 2030 wachsen.[1218] Im Gegensatz zum Verkehrssektor hat diese Branche keine Möglichkeit, auf eine andere Energieform zu wechseln; sie ist auf elektrischen Strom angewiesen.

Auch der steigende Wasserstoffbedarf wird die Knappheit des hier gewonnenen und direkt nutzbaren Ökostroms verschärfen. Schon um den heute jährlich benötigten Wasserstoff aus EE herzustellen, müsste die Grünstromproduktion lt. einer Studie der Boston Consulting Group mehr als verdoppelt werden:

„Wasserstoff wird in Raffinerien gebraucht, für die Produktion von Ammoniak in der Düngemittelherstellung und Methanol in der Chemieindustrie. 230 Terawattstunden Ökostrom pro Jahr wären nötig, um den Wasserstoff allein für diese Märkte zu erzeugen – im Jahr 2019 wurden aus erneuerbaren Energien in Deutschland 224 Terawattstunden Strom erzeugt."[1219]

Wasserstoff wird im Rahmen der Entfossilisierung der Industrie zukünftig aber in noch viel größeren Mengen benötigt werden:

„Auf 350 bis 400 Terawattstunden beziffert BCG den möglichen ... hiesigen Bedarf pro Jahr." Quelle: dito

Es fehlt an Produktionskapazität. Anrainerstaaten werden den Bedarf auch mittelfristig nicht decken können:

„Unter den derzeitigen Voraussetzungen werden die vier betrachteten Länder Marokko, Spanien, Chile und die Niederlande bis zum Jahr 2030 nicht die fehlenden H2-Mengen bereitstellen können, die derzeit aus der Nationalen Wasserstoffstrategie resultieren – selbst, wenn diese ausschließlich an Deutschland liefern würden."[220]

Der Import von Wasserstoff aus ferneren Ländern wiederum ist aufgrund der großen Transportverluste unwirtschaftlich und daher sehr unwahrscheinlich: Quelle: dito

„Sofern Wasserstoff einen langen/weiten Weg zurücklegen muss, bevor dieser verwendet werden kann, könnten die Kosten für Transport und Verteilung dreimal so hoch sein wie die Kosten für die Wasserstoffproduktion selbst (IEA, 2019)."

Realisierte großtechnische Projekte für den interkontinentalen Transport von Wasserstoff sind nicht bekannt.[31][221] Wasserstoff wird daher zum großen Teil in Europa hergestellt werden müssen. Der dazu benötigte Strom wird nicht für die Elektromobilität zur Verfügung stehen.

10.3 Ohne importierte Synfuels keine Energiewende

Der zukünftige Energiebedarf wird sich auch in Jahrzehnten nicht aus hiesigen erneuerbaren Quellen decken lassen. Das UBA bestätigte 2014 im Gutachten „Treibhausgasneutrales Deutschland im Jahr 2050", dass Europa weiterhin viel Energie importieren muss. Einerseits wird zwar festgestellt:

„Der regenerative Strom zur direkten Nutzung (Endenergie entsprechend der Annahmen rund 466 TWh/a) kann im Inland erzeugt werden: Die nationalen technisch-ökologischen Potenziale sind dafür vorhanden."[222][32]

Für den sonstigen Energiebedarf gilt das aber ausdrücklich nicht:

„Ein größerer Anteil des notwendigen Stroms zur Bereitstellung von regenerativem Methan und regenerativen Kraftstoffen wird wahrscheinlich an ausländischen Erzeugungsorten zur Verfügung gestellt, da dies wirtschaftlicher sein dürfte."

---

31 Anfang 2022 existierte nur ein japanischer Versuchstanker, die Suiso Frontier, mit einem Tankvolumen von 1250 m³; das entspricht 90 Tonnen Wasserstoff. Übliche Öltanker transportieren mehrere hunderttausend Tonnen.

32 Diese Prognose des UBA galt damals schon als überholt und viel zu niedrig

Importierte synthetische Brennstoffe werden einen Teil der bisher genutzten Rohölprodukte ersetzen.[33] Sollen die Emissionen des Verkehrs innerhalb der kommenden zwanzig bis dreißig Jahre deutlich sinken, so müssen Schiffe, Flugzeuge, die Bestandsfahrzeuge sowie alle nicht elektrifizierbaren Fahrzeuge (z.B. schwere Lkw) auf grüne Kraftstoffe umgestellt werden. Trotz der Annahme, das BEV werde sich als Pkw durchsetzen, schätzte die Boston Consulting Group Ende 2021 den PtL-Endenergiebedarf aller Sektoren für 2045 auf 295 TWh. [1223, Abb. 59]

Synthetische Brennstoffe sind aber noch aus einem anderen Grund unentbehrlich: Auch bei schnellstmöglichem Ausbau der EE-Kapazitäten fällt die Ökostromproduktion (je nach Helligkeit, Jahreszeit und Wetter) zeitweise weit unter den Bedarf. Kritische Infrastruktur (Informations- und Kommunikations-Technik, Krankenhäuser, Wasser- und Gasversorgung, Polizei etc.), Industrie und viele weitere Verbraucher sind jedoch auf eine zuverlässige Energieversorgung angewiesen. Da mit der Abschaltung der fossilen und nuklearen Kraftwerke fast der gesamte regelbare Teil der bisherigen Kraftwerksleistung entfällt, muss zur Überbrückung längerer Dunkelflauten jederzeit ca. 15 % des jährlichen Strombedarfs mit der durchschnittlichen Netzleistung aus anderen grünen Quellen verfügbar sein.[1224]

Das Problem der kalten Dunkelflaute ist nicht auf Deutschland beschränkt, sondern tritt grenzüberschreitend auf. Die Größenordnung ist schwindelerregend, denn Europas Primärenergiebedarf aus dem Jahr 2019 von 17.100 TWh entspricht einer mittleren Leistung von 1.952 GW. Ein Import via Stromleitungen aus angrenzenden Regionen würde 488 Gleichspannungs-Freileitungen mit je 4 GW Leistung erfordern. [34][1225] Umsetzbar ist diese Lösung jedoch ohnehin nicht, weil in der Umgebung von Europa keine anderen Stromnetze existieren, die derart große Energiemengen exportieren könnten. Dieses Problem würde grundsätzlich auch dann bestehen bleiben, wenn Effizienzverbesserungen den Energiebedarf langfristig halbierten.

Europa wird daher weiterhin einen großen Teil der nichtnuklearen durchschnittlichen Kraftwerksleistung redundant in Form von Wärmekraftwerken vorhalten und hinreichende Mengen treibhausgasneutraler Brennstoffe speichern müssen. An Synfuels führt kein Weg vorbei.

10.4 Zur Wirtschaftlichkeit von Synfuels

Die in Europa verfügbare Menge an Ökostrom wird bei weitem nicht ausreichen, um den unmittelbaren Bedarf zu decken und darüber hinaus genügend chemische Energieträger herzustellen. Der zur Schließung der Energielücke erforderliche Strom wird nur in sehr weit entfernten Ländern aus regenerativen Quellen gewonnen werden können.

---

33 Kernenergie könnte das Problem entschärfen, aber nicht allein lösen
34 Zurzeit (2021) gibt es weltweit nur 19 Leitungen von mindestens dieser Leistung

Doch wie kann diese Energie von dort nach Europa gelangen? Weder elektrischer Strom noch das Elektrolyse-Produkt Wasserstoff lassen sich über große Entfernungen wirschaftlich transportieren. Somit bleibt nur die Möglichkeit, den Wasserstoff in den Erzeugerländern in besser transportierbare Energieträger umzuwandeln.

Das ist mit großen Nachteilen verbunden. Der Wirkungsgrad der Wasserstoff-Elektrolyse liegt bei 70 bis 80 %.[1226] Nach der Weiterverarbeitung zu synthetischen Kraftstoffen ist bereits etwa die Hälfte der ursprünglichen Energie verloren[1227]. Auf der anderen Seite gibt es aber einen großen Vorteil: Die volumetrische Energiedichte von Synfuels ist wesentlich höher. Ein Liter Benzin enthält 3,7 mal so viel Energie wie ein Liter flüssiger Wasserstoff.[1228] Entsprechend weniger Schiffe, Pipelines, Hafen-, Lager- und Verarbeitungskapazität werden benötigt – die zudem in den Abnehmerländern bereits existieren: Synfuels können weitgehend mit vorhandener Infrastruktur transportiert, weiterverarbeitet und verbraucht werden.

Der in fernen Ländern per Elektrolyse gewonnene Wasserstoff wird daher vor dem interkontinentalen Transport in Methan, flüssige Kohlenwasserstoffe oder Ammoniak umgewandelt werden. Wasserstoff hingegen wird in Europa zur Vermeidung der Transportkosten möglichst nicht importiert, sondern vor Ort produziert werden. Reicht der Strom aus eigener EE-Kapazität nicht aus, so wird man Synfuels rückverstromen müssen – wie auch zur Überbrückung von Dunkelflauten.

Wirkungsgrad und Ausbeute

Gegen Synfuels wird häufig eingewandt, die Umwandlungsverluste wären viel zu hoch. Das verleitet manche Vertreter der Wissenschaft zu Kommentaren wie diesen:

„Darum kommen beim Antrieb mit E-Fuels je nach Schätzungen nur mehr 10 Prozent oder wenig darüber am Rad an. Professor Fichtner rechnet, dass für die Herstellung von einem Liter E-Diesel aus CO2 und Wasserstoff 27 kWh Strom nötig sind. Damit fahren selbst große E-SUV mehr als 100 Kilometer weit. Sparsame E-Autos kommen mit der Energiemenge, die im E-Diesel steckt, 10 mal weiter.“[1229]

Fichtners Zahlenangaben sind in etwa zutreffend, und seine Argumentation wirkt auf den ersten Blick überzeugend. Der Leser gewinnt den Eindruck, es ginge um einen Vergleich zweier möglicher Verwendungen für den hierzulande erzeugten Grünstrom. Mit 70 bis 80 % Wirkungsgrad[35] scheint das Elektroauto dabei unschlagbar gut abzuschneiden. Die Verwendung als E-Fuel bedeutet demgegenüber eine lange Kette von Umwandlungen: Der Strom wird unter großen Verlusten zunächst in Wasserstoff und dann in E-Fuel umgewandelt. Damit wird schließlich ein Verbrennungsmotor betrie-

---

35 Ohne Eigenbedarf der Kraftwerke sowie Übertragungs- und Ladeverluste

ben, der je nach Betriebszustand weit über 60 % des Kraftstoffs als Wärme vergeudet. Fichtner will den Leser glauben machen, E-Fuels wären Energieverschwendung.

Schaut man jedoch etwas genauer hin und hinterfragt die Herkunft des Ladestroms, kommen Zweifel auf. Tatsächlich wird noch für Jahrzehnte kein grüner Überschuss-strom für die Elektromobilität zur Verfügung stehen. Der Strombedarf eilt der Produktion aufgrund der vielen Elektrifizierungsprojekte weit voraus. Mit zunehmendem EE-Ausbau wird es zwar kurzzeitig und vorübergehend immer häufiger vorkommen, dass mehr Grünstrom erzeugt als zu diesem Zeitpunkt von Endverbrauchern nachgefragt wird. Auch diese Energie wird man jedoch, soweit möglich, zur Herstellung des knappen Wasserstoffs nutzen müssen.

Zusätzliche elektrische Energie zur Versorgung neuer stromverbrauchender Produktgruppen (wie E-Autos) und zur Überbrückung von Dunkelflauten wird daher nicht anders als heute von Wärmekraftwerken geliefert werden. Diese werden mit importierten Synfuels gespeist werden.

Der Strom zur Aufladung von E-Autos wird also überwiegend aus der Rückverstromung von Synfuels stammen.

Die Umwandlungsverluste der Synfuelherstellung gehen unter diesen Umständen gleichermaßen in die Klimabilanzen von E-Auto und E-Fuel-Verbrenner ein. Und da dem schlechten Wirkungsgrad des Verbrennungsmotors ein etwa ebenso schlechter Wirkungsgrad der Kette von Wärmekraftwerk, Stromübertragung und Lademanagement gegenübersteht, lassen sich dem E-Auto auch auf lange Sicht keine Wirkungsgradvorteile gegenüber dem mit E-Fuels betriebenen Verbrenner zuschreiben.

Sinnvolle Aussagen zur Effizienz von E-Fuels setzen zudem voraus, die Standortabhängigkeit der Erträge von Photovoltaik- und Windrad-Anlagen zu berücksichtigen. Die Unterschiede sind erheblich:[230]

	Installierte Solarleistung [MW]	Theoretisch mögliche Energiegewinnung [TWh/a]	Erzeugte Energie [TWh/a]	Ausbeute [%]
Deutschland	48.962	429	47,5	**11**
Spanien	11.065	97	15,0	**15**
Europa	146.666	1.285	155	**12**
Südafrika	3.061	27	5,3	**20**
Israel	1.438	13	2,7	**22**
Naher Osten	5.583	49	11,9	**24**
Marokko	736	6	1,6	**25**
Ägypten	1.668	15	3,7	**25**
Vereinigte Arabische Emirate	1.883	16	4,2	**25**

Tabelle 6: Ausbeute von PV-Anlagen 2019 je nach Standort

Identische PV-Anlagen liefern in Nordafrika mehr als doppelt so viel Strom wie in Deutschland, was einen großen Teil der Umwandlungsverluste kompensiert. Korrekte Well-to-Wheel-Betrachtungen entkräften die Effizienzvorbehalte gegen PtL:

„Der Betrieb eines Pkw mit grünem PtL erfordert rechnerisch eine PV-Kapazität von 6 kW in Nordafrika, ein Pkw mit Batterie mit 5,7 kW fast ebenso viel in Deutschland."[1231]

Bei der Betrachtung des Gesamtsystems kommt es letzten Endes nur auf die Gesamtkosten an. Thomas Korn, Gründer des Unternehmens KEYOU, hat dies prägnant zusammengefasst:

„Man muss Energieeffizienz differenziert betrachten. Die Sonne strahlt für den Menschen nutzbare Energie ab, die den aktuell weltweiten Energieverbrauch um das fünftausendfache übersteigt. Nutzt man nur ein Prozent der weltweit vorhandenen Wüstenflächen, um z.B. Solarthermie-Anlagen zu betreiben, kann bereits der aktuelle gesamte Energiebedarf erzeugt werden. Energie ist der einzige Rohstoff, den wir 24/7 kontinuierlich von außerhalb unseres Planeten geliefert bekommen – und das für uns unvorstellbare, fast unendliche Zeit. In den richtigen Breitengraden zeigen erneuerbare Energien bereits heute niedrigere Energieentstehungskosten, als dies bei konventionellen Kohle-Kraftwerken, oder bei der Nutzung von Erdgas oder Atomenergie der Fall ist."[1232]

Die Kostenfrage gilt vielen Experten als geklärt:

„Werden die Kosten der Elektromobilität für die Subventionierung von synthetischen Kraftstoffen aus erneuerbarer Produktion in sonnenreichen Ländern verwendet, las-

sen sich bis 2030 in Deutschland nahezu 600 Mio. t CO2 einsparen, was einem signifikanten Beitrag zur CO₂-Reduktion entspricht. Ab Anfang der dreißiger Jahre könnten synthetische Kraftstoffe Kostenparität erreichen, wodurch sich der gesamte deutsche Verkehrssektor auf synthetische Kraftstoffe umstellen ließe." [1233]

Damit steht die Bedeutung von Synfuels für die weitere Energiewende außer Frage:

- Es wird weitaus mehr Grünstrom benötigt werden, als hierzulande produziert werden kann, und Energie wird in großen Mengen wirtschaftlich nur in Form von Synfuels importiert werden können
- Solange keine hinreichend großen Stromspeicher existieren, ermöglicht die Rückverstromung von Synfuels in Wärmekraftwerken Versorgungssicherheit (abgesehen von Kernkraftwerken)
- Bestandsfahrzeuge können nur mit Synfuels entfossilisiert werden

Die Energiewende wird daher nur gelingen, wenn Europa im fernen Ausland Synfuel-Produktionskapazitäten errichtet. Die Politik versucht dies bislang nach Kräften zu behindern, indem mit Synfuels betriebenen Fahrzeugen die Einstufung als klimaneutral verweigert wird. Ohne dieses Marktsegment fehlt ein wichtiger Anreiz für Investitionen im großtechnischen Maßstab.

Erste Unternehmen setzen sich über diesen Widerstand hinweg und handeln schon heute:

„Porsche baut in Chile eine Pilotanlage für E-Fuels auf. Schon 2022 sollen die E-Fuels eingesetzt werden. … Das anfangs kleine Volumen der Anlage von 130.000 Litern bis Ende 2022 soll innerhalb der folgenden zwei Jahre so weit hochgefahren werden, dass bis dahin 55 Millionen Liter synthetischen Kraftstoffs produziert werden. Bis 2026 wollen die Partner gar mehr als die zehnfache Menge herstellen." [1234]

10.5 Alternative Brennstoffzelle?

Ein Vorteil des E-Autos ist der hohe Wirkungsgrad des elektromotorischen Antriebs. Damit sieht es bei der Brennstoffzelle gar nicht gut aus: Ein BEV kann den elektrischen Strom zu 70 bis 80 % verwerten, ein Brennstoffzellenauto nur zu etwa einem Drittel. [1235]

Technische Wirkungsgrade sind wichtig, jedoch keineswegs die einzigen Entscheidungskriterien. In einem auf regenerative Energien umgestellten Gesamtsystem wird es sehr auf die Kosten ankommen. Daher sind durchaus Konstellationen denkbar, welche die Chancen der Brennstoffzelle verbessern. Je mehr Wasserstoff in einigen Jahrzehnten produziert wird, um so kleiner wäre relativ dazu der Mehraufwand, um zusätzlich auch den Bedarf von Brennstoffzellen-Pkw zu decken. Dann könnten Skaleneffekte das Blatt wenden. Denn für einen nicht unerheblichen Teil der Fahrzeuge wie z.B. schwere Lkw ist der batterieelektrische Antrieb aufgrund des Gewichts und des Volumens der Akkus grundsätzlich unsinnig. Unterschiedliche Antriebskonzepte für größere und kleinere Straßenfahrzeuge jedoch würden den parallelen Betrieb zweier unterschiedlicher Betankungsssysteme erfordern und auf diese Weise die Infrastrukturkosten etwa verdoppeln.

Der Durchbruch des Brennstoffzellenantriebs zeichnet sich zurzeit (Anfang 2022) allerdings noch für keine einzige Fahrzeugart ab. Es besteht ganz im Gegenteil weitgehend Einigkeit darüber, dass Flugzeuge und Schiffe zukünftig mit Synfuels betrieben werden. Weil Wasserstoff wohl noch lange knapp sein wird, wird sich dessen Nutzung als Brennstoff auf notwendige Anwendungen beschränken. Die Knappheit des Wasserstoffs durch einen weiteren Verbraucher mit geringem Wirkungsgrad zu verschärfen, erscheint nicht sinnvoll. Das sind keine guten Aussichten für die Brennstoffzelle als Fahrzeugantrieb.

10.6 Das Gesamtsystem ist zu optimieren

Die Energieversorgung wird zukünftig zu einem großen Teil auf dem Import von Synfuels basieren. Die Anlagen zur Produktion von Synfuels werden aber erst noch gebaut werden müssen. Die Kosten werden in der Größenordnung mehrerer hundert Milliarden Euro liegen. Dieses Projekt erfordert Jahresproduktionsumfänge an Grundstoffen und Gütern, daher ist mit Ressourcen-Engpässen zu rechnen. Energiewende-Studien sollten daher in ihren Empfehlungen berücksichtigen, dass Ressourcen gleich welcher Art nicht mehrfach genutzt werden können. Je mehr funktionierende Infrastruktur außer Betrieb genommen und ersetzt werden muss, um so weniger neue Kapazität zur Erzeugung grünen Stroms und grüner Kraftstoffe kann geschaffen werden.

Das Bewusstsein, bei der Optimierung der gesamtwirtschaftlichen Energieversorgung nur auf beschränkte Ressourcen zurückgreifen zu können, scheint vor allem bei deutschen Instituten schwach ausgeprägt zu sein. Stattdessen werden „Stranded Assets"-Strategien propagiert:

„Durch den starken Rückbau der Gasheizungen im Gebäudebereich verteilen sich die Kosten für den Betrieb- und Unterhalt der Gasnetze auf immer weniger Endkunden. Dadurch wird die Nutzung von Gas für die verbleibenden Kunden zunehmend unwirtschaftlich. Es ist zu erwarten, dass der Betrieb der Verteilnetze für Erdgas nicht aufrechterhalten wird, wenn nur noch wenige Kunden bedient werden, sondern dass Netzteile beim Unterschreiten einer Auslastungsschwelle sukzessive stillgelegt werden."[236]

Dieses Szenario geht von einer schnellen Elektrifizierung auch der Gebäudeheizungen aus. Dabei wird nicht bedacht, dass Wärmepumpen nur in gut isolierten Gebäuden hohe Wirkungsgrade erzielen. Die Wärmeisolierung des gesamten älteren Gebäudebestands in kurzer Zeit deutlich zu verbessern, ist jedoch unrealistisch. Wo der Einbau von Wärmepumpen keinen Sinn hat, sollte stattdessen der Brennstoff Erdgas mit importierten Synfuels ersetzt werden. Diese müssen von den Häfen zu den Verbrauchern transportiert werden. Die Erdgasverteilnetze werden daher noch sehr lange von Nutzen sein können; ein Abriss wäre in der jetzigen Phase unverantwortlich.

Die Verteilnetze können außerdem für den Wasserstofftransport genutzt werden:

„Die Gasverteilnetze in ganz Europa sind für den zukünftigen Transport von Wasserstoff bestens geeignet und bieten einen flexiblen, kostengünstigen Weg hin zu einer klimaneutralen Energieversorgung. Es besteht zwar Investitionsbedarf, aber die in die Gasnetze investierten Summen bedeuten deutliche geringere Gesamtinvestitionen, als ausschließlich den Ausbau der Strominfrastruktur zu forcieren. Investitionen in eine kombinierte Strom- und Gasinfrastruktur würden pro Jahr 41 Milliarden Euro weniger kosten als nur auf Elektrifizierung zu setzen."[237]

Synthesegase erlauben im Gegensatz zum elektrischen Strom die lokale Speicherung von Energie in großen Mengen und über längere Zeit. Der Zugang zu den vielen Kleinverbrauchern via Gasnetz bietet die Möglichkeit, das vom fluktuierenden Strom aus regenerativen Quellen in seiner Stabilität gefährdete Stromnetz zu entlasten. Das setzt die Bereitschaft voraus, auf verfrühte Elektrifizierungen zu verzichten. Nicht einmal Wärmepumpen müssen elektrisch betrieben werden: Die Synfuels könnten via vorhandenem Erdgasnetz direkt zu den Wärmepumpen geleitet und dort von Verbrennungsmotoren in Antriebsenergie umgewandelt werden.

Statt voreiliger Ratschläge zur Verschrottung funktionierender Infrastruktur sind Betrachtungen des Gesamtsystems angebracht. Ziel muss es sein, mit beschränkten Ressourcen ein Maximum an CO_2-Ausstoßminderung zu erreichen.

10.7   Elektroantrieb? Gewiss, aber doch bitte nicht so ...

Die Gesamtbilanz des batterieelektrischen Autos in der zurzeit propagierten und geförderten Ausführung fällt bei Einbeziehung der Stromerzeugung in die Klimabilanz vernichtend aus:

- Für das Stromnetz bedeutet die Elektromobilität eine große Belastung
- Die Errichtung der Ladeinfrastruktur und die Subventionen für die Fahrzeuge kosten Milliarden, ohne auch nur ein Gramm CO_2 einzusparen
- Rohstoffengpässe drohen
- Für E-Autos wird kein überschüssiger Grünstrom zur Verfügung stehen, weil jegliche Leistung, die temporär über den momentanen Verbrauch hinausgeht, für wichtigere Zwecke benötigt wird
- Zusätzlicher Strom für Luxusverbraucher wird nur aus der Rückverstromung von Synfuels gewonnen werden können.

De facto werden auch Elektroautos zukünftig mit Synfuels betrieben werden!

Seit dem Ende des 19. Jahrhunderts hat sich kaum etwas daran geändert, dass schwere, rollfähige Akkumulatoren geringer Energiedichte eine technisch primitive und ungeeignete Energiequelle für den Fahrzeugantrieb sind.

Dabei gibt es durchaus bessere Lösungen.

An erster Stelle, da schnell umsetzbar, sind sparsamere Autos mit Verbrennungsmotoren zu nennen. Hätte die Politik in den letzten Jahren ernsthaft das Ziel einer raschen Verringerung der Emissionen verfolgt, wären die Kraftstoffverbräuche der Verbrenner bereits um den Faktor 2 bis 3 gesunken.[238] Dazu hätte es u.a. einer konsequent am Ressourcenverbrauch orientierten Kfz-Steuer bedurft.[239] Solche Fahrzeuge würden vom ersten Tag an einen viel geringeren CO_2-Ausstoß als Elektroautos verursachen und zukünftig mit grünen Synfuels sogar treibhausgasneutral fahren. In einer Übergangsphase könnten sie auch mit Biomethan betrieben werden. Dessen Potential wird für Deutschland auf 300 TWh geschätzt.[240] Das würde unter den obigen Bedingungen fast für die gesamte Fahrzeugflotte genügen.

Doch auch für den elektromotorischen Antrieb gibt es intelligentere Konzepte. Tatsächlich gibt es keinen vernünftigen Grund, das Stromnetz mit der Aufladung von E-Autos zu belasten. Die Knappheit an Grünstrom wird zukünftig zur Priorisierung zwingen. Vorrang werden notwendige direkte Stromverwendungen, die Überbrückung von Dunkelflauten und die Produktion von Wasserstoff haben. BEV sind nicht notwendige und daher als zusätzlich einzustufende Stromverbraucher. Zusätzlicher Strombedarf wird aus der Rückverstromung von Synfuels gewonnen werden müssen. Diese Energieumwandlung in Wärmekraftwerken auszuführen, Übertragungs- und Ladeverluste hinzunehmen, mit dem übertragenen Strom schwere Akkus zu füllen und diese permanent an Bord von Autos mit sich zu führen, erweist sich bei kritischer Prüfung als konzeptuell falsch. Sinnvoller wäre es, solche Verbraucher direkt mit Synfuels zu versorgen.

Der serielle Hybridantrieb mit hocheffizientem Ein-Punkt-Verbrennungsmotor an Bord ist die in fast jeder Hinsicht bessere elektrische Alternative. Die Gemeinsamkeit mit dem BEV ist der elektromotorische Antrieb mit sehr gutem Wirkungsgrad im Kurzstreckenbetrieb. Hinzu kommt aber eine lange Reihe systemischer Vorteile:

- Weniger Treibhausgasemissionen bei der Herstellung

- Entfall des Ressourcenverbrauchs bei der Herstellung großer Akkus, somit Vermeidung von Rohstoffengpässen

- Geringeres Fahrzeuggewicht

- Niedrigerer Primärenergieverbrauch [241]

- Entfall der Kosten der Ladeinfrastruktur

- Entfall der BEV-bedingten Netzbelastung

Je nach Größe des Pufferakkus könnten serielle Hybridautos auch die Anforderung erfüllen, innerhalb von Sperrzonen lokal emissionsfrei zu fahren.

10.8 Das batterieelektrische Auto ist das Resultat von Fehlberatung

Zwischen Politikern und Beratungsbranche hat sich eine symbiotische Beziehung zum Schaden der Gesellschaft entwickelt. Unabhängige Prüfungen finden nicht mehr statt. Auftragsgutachten sollen der Politik nur noch bestätigen, mit ihren Verboten und Milliardensubventionen auf dem richtigen Weg zu sein.

Das Ergebnis sind u.a. verfrühte Elektrifizierungen ohne Sinn und Verstand, welche die Gesellschaft viel Geld kosten, ohne die Treibhausgasemissionen zu verringern. Weil der Grünstrom noch bis weit nach 2050 knapp sein wird, würden ihrer Verantwortung bewusste Wissenschaftler jeglichen zusätzlichen Stromverbrauch einer sorgfältigen und kritischen Prüfung unterziehen. Befürwortet würde nur, was die Treibhausgasemissionen netto, d.h. unter Einbeziehung der Emissionen bei der Stromproduktion, senkt. Elektroautos wären unter diesen Umständen chancenlos.

11. Unstimmigkeiten in Studien und Stellungnahmen

Die vorherigen Kapitel belegen, dass wissenschaftliche Institutionen dem batteriebetriebenen Elektroauto Klimavorteile bescheinigen, die es tatsächlich noch in Jahrzehnten nicht haben wird. Was treibt die Verfechter der Elektromobilität an, wie im Rahmen einer konzertierten Aktion das Gegenteil zu behaupten und „disruptive" Veränderungen zu fordern? Eine Antwort von Beweischarakter lässt sich darauf nicht geben. In diesem Abschnitt soll es nur um die Frage gehen, ob die Autoren wissen, was sie tun.

Bei der Lektüre von Studien fällt auf, dass die Formulierungen, mit denen geringere Treibhausgasemissionen von Elektroautos behauptet werden, von Sorgfalt, aber auch von einer gewissen Vorsicht geprägt sind. Die falsche Aussage gelingt stets, ohne explizit die Unwahrheit zu sagen – nicht jedoch ohne argumentative Winkelzüge, deren Fragwürdigkeit den Autoren bewusst zu sein scheint.

Vieles deutet darauf hin, dass die Mehrheit der Fachautoren ein gemeinsames Verständnis entwickelt hat, welchem Zweck Publikationen über die Elektromobilität zu dienen haben. Ob die Treibhausgasemissionen sich auf diesem Wege tatsächlich verringern lassen, steht nicht zur Diskussion; es geht nur darum, die Einführung dieses neuen Produkts mit affirmativer Begleitforschung zu unterstützen. Daraus ergeben sich interessante Szenarien: Hochqualifizierte Wissenschaftler suchen nach Scheinbegründungen, warum sie zur Erstellung von Klimabilanzen den dazu ungeeigneten Durchschnittsstromansatz verwenden. Einige Beispiele sollen hier vorgestellt werden.

11.1 Forschungsinstitute, Ministerien und Behörden

11.1.1 Die Kopplungs-Phantasien des IFEU

Das erste Beispiel sei ein Text des IFEU-Instituts mit dem Titel „Klimabilanz von Elektroautos - Einflussfaktoren und Verbesserungspotenzial" im Auftrag von AGORA Verkehrswende. Aus dem Kapitel „Exkurs zur Strombilanzierung – Marginalbetrachtung" folgen kursiv gesetzte und jeweils kommentierte Zitate: [1242]

„Die Frage nach dem Ladestrom für Elektroautos ist daher eigentlich eine Frage der Anrechnung im Sinne von Ursache und Wirkung. Ist die Änderung in einem Gesamtsystem klein, kann dies vernachlässigt werden. Eine durchschnittliche Betrachtung bildet die Situation dann ausreichend ab."

Was auf den ersten Blick eventuell plausibel erscheinen mag, erweist sich bei genauerem Hinsehen als grundfalsch. Denn dieser Argumentationsversuch setzt sich darüber hinweg, dass EE-Kraftwerke ihre Leistung nicht auf Anforderung steigern können. Ausnahmslos jeder (auch kleine!) zusätzliche Strombedarf muss von fossilen Mittel- und Spitzenlastkraftwerken gedeckt werden; das gilt keineswegs nur für größere „Änderungen im Gesamtsystem". Auf diese Weise lässt sich die Verwendung des Durchschnittsstroms nicht rechtfertigen.

„Kommt es jedoch zu größeren Änderungen im Gesamtsystem, werden Rückwirkungen auf dieses System relevant. In der Ökobilanz wird dies auch als konsequenzieller Ansatz oder Marginalbetrachtung bezeichnet. Für die zusätzliche Stromnachfrage durch Elektroautos müssen dann entweder neue Kraftwerke gebaut werden oder es gelangen Kraftwerke zum Einsatz, die sonst nicht zur Stromerzeugung herangezogen worden waren. Diese sogenannten marginalen Kraftwerke (oder Grenzkraftwerke) konnten dann beispielsweise ältere Steinkohlekraftwerke oder auch neue effiziente Gaskraftwerke sein."

Dieser Abschnitt ist zutreffend und aufschlussreich – weil er zweifelsfrei belegt, dass die Autoren mit der Marginalbetrachtung vertraut sind.

„Gängige Praxis der im Rahmen der Literaturauswertung untersuchten Studien bleiben jedoch durchschnittliche Ländermixe. Dies hat mit den komplexen Wechselwirkungen zwischen Marktdurchdringung von Elektroautos, Entwicklungen in anderen Sektoren und Politikinstrumenten zu tun."

Damit liegen die Karten offen auf dem Tisch: Der Marginalbetrachtung wird der Status einer „gängigen Praxis" abgesprochen, weil sie der Schaffung von „Politikinstrumenten" zur Förderung der „Marktdurchdringung" des E-Autos im Wege steht. Aus

Sicht der Autoren hat alles andere dahinter zurückzustehen; eine substantiellere Begründung für die Anwendung des Durchschnitts-Strommix erscheint ihnen nicht nötig.

> *„Diese erschweren die exakte und belastbare Quantifizierung eines Marginalmixes auf nationaler Ebene für eine vergleichende Klimabilanz. Analog gestaltet sich die Anrechnung von individuellem Ökostrombezug in diesem Kontext als problematisch."*

Das ist eine faule Ausrede für die Anwendung einer systematisch falschen Methodik. Den durchschnittlichen Marginalmix für verschiedene Ländern zu bestimmen ist eine Aufgabe, die von diesen Autoren durchaus zu bewältigen wäre, wenn sie nur wollten. Und die Frage des individuellen Ökostrombezugs ist für die CO_2-Bilanz des Produkts Elektroauto ohnehin irrelevant; hierzu sind auf volkswirtschaftlicher Ebene die Auswirkungen der Gesamtheit aller E-Autos auf die gesamte Stromproduktion zu untersuchen.

> *„Zielrichtung vieler Ökobilanzen ist es eher, eine hohe Vergleichbarkeit der Ergebnisse auf Systemebene herzustellen und das technische Potenzial aufzuzeigen."*

Ziel dieser Ökobilanzen ist es also nicht, die tatsächlich von Elektroautos verursachten CO_2-Emissionen zu bestimmen. Das hindert die Autoren freilich nicht, in ihrem Fazit den Eindruck zu erwecken, sie hätten genau dies getan. Zitat:

> *„In allen untersuchten Fällen hat das Elektroauto einen Klimavorteil gegenüber dem Verbrenner."*

Es ist diese Botschaft, die von den Auftraggebern erwartet und von der Politik gerne gehört und instrumentalisiert wird. So hat auch das Bundesverkehrsministerium 2018 die Privilegierung von Elektroautos u.a. mit imaginierten Klimavorteilen begründet. Zitat: [243]

> *„Denn schon den aktuellen Strommix in Deutschland zugrunde gelegt, ergibt sich für ein heutiges Elektrofahrzeug über den gesamten Lebenszyklus betrachtet ein Einsparpotenzial an Treibhausgasen von ca. 16 bis 27 % im Vergleich zu durch Verbrennungsmotoren angetriebenen Fahrzeugen. Dieser Klimavorteil wird mit dem Ausbau der erneuerbaren Energien stetig ansteigen."*

In einer IFEU-Studie von 2014 wird noch ein weiteres Scheinargument bemüht, um die Klimabilanz des E-Autos schönzurechnen. Zunächst werden die Auswirkungen des Marginalmix auf die Klimabilanz korrekt beschrieben: [244]

> *„Die untersuchten Szenarien haben gezeigt, dass auf mittlere Sicht auch mit einem Stromsystem, das in erheblichem Maße auf erneuerbaren Energien fußt, ein großer Teil des zusätzlichen Ladestroms für Elektroautos von fossilen Kraftwerken bereitgestellt wird. In einer marginalen Betrachtung haben fossile Kraftwerke sogar den größten Anteil."*

Was also tun?

> *„Angesichts der CO2-Emissionen des Kraftwerksparks kann eine deutliche Verbesserung der CO2-Emissionen des Verkehrs nur gelingen, wenn Elektromobilität an erneuerbare Energien gekoppelt wird. Um die gewünschte Emissionsminderung zu erbringen, muss also sichergestellt sein, dass der Fahrstrom aus erneuerbaren Quellen erzeugt wird."*

Und das soll wie erreicht werden?

> *„Zum einen sorgt eine direkte Kopplung der Elektromobilität mit einem Zubau an erneuerbaren Energien rechnerisch für Fahrstrom aus erneuerbaren Energien."*

Die einschränkende Anmerkung, der Fahrstrom stamme „rechnerisch" aus erneuerbaren Energien, lässt auf das Bewusstsein schließen, eine bilanztechnische Manipulation vorzunehmen. Diese wird gerne noch etwas detaillierter erläutert:

> *„Die Bundesregierung könnte die ökologische Wirkung der Zielsetzung erheblich verbessern, wenn die Ausbauziele des EEG so angepasst würden, dass der Strombedarf der Elektromobilität direkt auf die Ziele aufgeschlagen wird. Auch in diesem Fall fände kein zusätzlicher Ausbau statt, wenn der Strombedarf der Elektromobilität ohnehin durch eine Übererfüllung der Ziele gedeckt würde. Es wäre aber sichergestellt, dass der Fahrstrombedarf durch – bezogen auf die Ausbauziele zusätzliche – erneuerbare Energien gedeckt wird."*

Mit diesem Schritt würde der Fahrstrom nicht mehr nur „rechnerisch" aus „erneuerbaren Energien" erzeugt werden – angeblich wäre dies nun „sichergestellt." Doch das wirft Fragen auf: Der zusätzliche Strom aus EE soll doch gewiss auch ins öffentliche Netz eingespeist werden? Das würde zwar die Ökostromquote etwas erhöhen, der Marginalstrom wäre aber immer noch fossil. Elektroautos würden also weiterhin mit Kohlestrom fahren. Ferner wäre zu fragen, ob sich hinter diesem Konstrukt nicht eine verfehlte Energiewende-Politik verbirgt: Denn wenn man tatsächlich einen über das bisher geplante Maß hinausgehenden EE-Ausbau für möglich hält, warum wird dieser nicht gleich in Angriff genommen? Warum wartet man erst den Markterfolg von Elektroautos ab?

Den Autoren ist ein gewisses Unbehagen anzumerken. Sie versuchen sich an Vorschlägen zur Kopplung des Ausbaus von EE an die Anzahl von Elektroautos und diskutieren u.a. eine Verpflichtung der Hersteller:

> *„Als Bedingung für die Anerkennung der CO2-Freiheit (oder für die Nutzung der Mehrfachanrechnungen) könnten die Hersteller verpflichtet werden, entsprechend dem geschätzten Energieverbrauch des Fahrzeugs und seiner Lebensdauer EE-Anlagen zu errichten."*

Sie erwägen, diese Last den Kunden aufbürden:

„Als Alternative zur Verpflichtung der Fahrzeughersteller, in erneuerbare Energien zu investieren, wäre auch eine Investition durch die Fahrzeugkunden denkbar."

Doch sie wissen, wie unrealistisch das ist:

„Allerdings muss man davon ausgehen, dass Hersteller die Investitionskosten für Erneuerbare auf die Verkaufspreise der Elektrofahrzeuge umlegen: Angesichts der Tatsache, dass Elektroautos derzeit noch erheblich teurer sind als konventionelle Fahrzeuge, erschwert eine Verteuerung ihren Absatz … Von der Umsetzung her ist eine Investitionsverpflichtung, die an den Kauf eines Produkts gekoppelt ist, allerdings nur schwer denkbar. Hier wäre daher eher auf freiwillige Maßnahmen durch die Kunden zu setzen."

Kurzum: Die Autoren sind sich der Tatsache bewusst, dass es eine solche Kopplung nicht geben wird. Das hat sie freilich nicht gehindert, diese als Pseudoargument zu gebrauchen, um dem Elektroauto einen Persilschein auszustellen.

11.1.2   Wuppertal Institut: „Weit auseinanderliegende Ergebnisse"

Dieses Institut hatte 2011 den Auftrag erhalten, eine realistische Klimabilanz zu erstellen. Doch die Autoren winden sich: [1245]

„Konzentriert man sich hier zunächst auf die im vorliegenden Vorhaben auftragsgemäß im Kern zu betrachtende Fragestellung, wie sich die konkreten Fahrten der Elektrofahrzeuge mit ihrem Stromverbrauch und den darauf direkt entfallenden Erzeugungsketten auf die CO2-Emissionen auswirken, gibt es keine einfache Antwort."

Basierend auf einer korrekten Marginalstrombetrachtung fällt die Klimabilanz der Elektromobilität fällt zunächst vernichtend aus. In einer Tabelle auf Seite 42 werden für ein Kompaktauto die folgenden CO2-Emissionen angegeben:

Kompaktwagen mit herkömmlichem Antrieb: *116 g/km (kombiniert)*

Elektrofahrzeug mit Merit-Order-Strom: *270 g/km*

Über den Strombedarf der Elektroautos schreiben die Autoren (die Hervorhebung wurde nachträglich hinzugefügt):

„Folgt man den Regeln des Kraftwerkseinsatzes nach der Merit-Order, also der (anbieterseitig) kostengünstigsten Deckung des zusätzlichen Strombedarfs, übernimmt diese Aufgabe das sog. Grenzkraftwerk. Dabei handelt es sich unter heutigen Rahmenbedingungen in der Regel um ein fossil befeuertes Kraftwerk, wodurch sich die resultierende Klimabilanz für die Elektrofahrzeuge ohne die Durchführung zusätzlicher Maßnahmen (z.B. Last- respektive Lademanagement) **nicht ganz so günstig** *darstellt wie bei den beiden anderen Bewertungsmethoden."*

Was also tun? Ein anderes Berechnungsverfahren muss her, das günstigere Werte liefert. Dabei weiß auch dieses Institut keine substantiellen Einwände gegen die Merit-Order-Betrachtung vorzubringen:

„Dieser Sichtweise wird von Kritikern entgegen gehalten, dass die Definition von „zusätzlich" nicht eineindeutig ist, grundsätzlich auch auf andere Stromverbraucher zutrifft und zudem eine spezifische Herausnahme eines Verbrauchssegmentes nicht zulässig ist."

Warum es unzulässig sein soll, den zusätzlichen Stromverbrauch zusätzlicher Elektroautos als zusätzlich einzustufen, wird nicht weiter begründet. Auch eine Quellenangabe für diese steile These sucht der Leser vergebens. Stattdessen wird einfach behauptet:

„Unter pragmatischen Gesichtspunkten bietet die Strommixmethode eine gute Orientierung für die klimabezogene Bewertung von Elektrofahrzeugen."´

Der Begriff Pragmatismus bezeichnet hier nichts anderes als die Freiheit, die Klimabilanz des Elektroautos bewusst zu beschönigen. Die interessenorientierte Wahl des Strommix wird offensiv verteidigt:

„Da die unterschiedlichen Zuweisungskonventionen zu weit auseinanderliegenden Ergebnissen führen, greift nachfolgende Analyse alle Ansätze auf und macht damit die Unterschiede transparent. Dabei wird unterschieden zwischen:

- *der vollständigen Versorgung der Elektrofahrzeuge mit erneuerbarem Strom (allgemein angestrebt und in den Modellregionen teils durch hohe Anforderungen an die Zertifizierung des Ladestroms gestützt; vgl. hierzu u.a. die Strombezugsrichtlinie für Elektrofahrzeuge für die Modellregion Hamburg),*

- *der Versorgung der Elektrofahrzeuge mit Strom entsprechend dem derzeitigen deutschen Strommix und*

- *der Versorgung der Elektrofahrzeuge mit Strom entsprechend der bei ökonomischem Betrieb anzusetzenden zusätzlichen Stromerzeugung für Elektrofahrzeuge als zusätzliche Stromverbraucher.*

Die unterschiedlichen Verfahren stellen letztlich Bewertungen im Rahmen bestimmter Kontexte dar, die je nach Perspektive jeweils für sich einen hohen Grad von Nachvollziehbarkeit aufweisen und für die Praxis unterschiedlich geeignet sind." [36]

Welche Absichten mögen sich wohl hinter der merkwürdigen Behauptung verbergen, *„die unterschiedlichen Zuweisungskonventionen"* hätten trotz *„weit auseinanderliegender Ergebnisse ... einen hohen Grad von Nachvollziehbarkeit"* und wären *„für die*

---

36 Ladestrom für Elektroauto-Akkus aus Erneuerbaren Energien kann keinen Fossilstrom aus dem Netz drängen. Strombezugsrichtlinien und Zertifikate können daran nichts ändern.

Praxis unterschiedlich geeignet"? Denn wenn die Klimabilanz je nach Sichtweise vollkommen unterschiedlich ausfallen darf – wird der Willkür damit nicht Tür und Tor geöffnet? Was hat das mit Wissenschaft zu tun?

Könnte es sein, dass das eigentliche Ziel der Autoren darin besteht, potentiellen Auftraggebern dies zu signalisieren:

> *"Lieber Kunde, bitte beschreibe uns Deine Sicht der Dinge. Du kannst sicher sein, ein Gutachten zu erhalten, das Deinen aktuellen Interessen nützt."*

11.1.3   DIW: Klimavorteile dank „Netto"-CO_2-Reduktion?!

Den zweifelhaften Konsens der großen Mehrheit der Institute mag auch Wolf-Peter Schill vom DIW nicht infrage stellen.

Der Titel lässt zwar zunächst aufhorchen: *„Elektromobilität in Deutschland: CO2-Bilanz hängt vom Ladestrom ab"*. Schill schreibt zutreffend: [1246]

> *„So wäre bei einer systemkostenoptimierten Aufladung der Anteil von Stein- und Braunkohlestrom besonders hoch, was sich in überdurchschnittlich hohen spezifischen CO_2-Emissionen des Ladestroms widerspiegelt."*

Doch dann heißt es:

> *„Bei gemeinsamer Betrachtung des Strom- und Verkehrssektors ginge die Einführung der Elektromobilität dann mit einer deutlichen Netto-CO_2-Reduktion einher, wenn sie mit einem zusätzlichen Ausbau erneuerbarer Energien verknüpft würde, der über die bisherigen Ausbauplanungen hinausgeht."*

Den Durchschnittsstromansatz anzuwenden, scheint für Schill nicht in Frage zu kommen; eine ungünstige Bilanz will er aber auch nicht ziehen. So weiß er sich nicht anders zu helfen, als *„einen zusätzlichen Ausbau erneuerbarer Energien"* auf nicht näher beschriebene Weise mit Elektroautos zu *„verknüpfen"*. Der *„zusätzliche Ausbau"* ließe sich indes auch ohne Elektroautos erreichen. Dann könnte diese Kapazität dazu genutzt werden, fossile Kraftwerke zu ersetzen.

Im Gegensatz zu anderen Autoren spricht Schill etwas zurückhaltender von einer *„Netto-CO_2-Reduktion"*. Ihm scheint bewusst zu sein, dass der Ausbau erneuerbarer Energien die Treibhausgasemissionen vermindert, Elektroautos diese jedoch wieder erhöhen. Etwas deutlicher aussprechen mag er diese Wahrheit aber leider nicht.

11.1.4   Professor Wietschels kuriose Suche nach dem Grenznachfrager

Werden für Klimabilanzen Durchschnittsstrombetrachtungen angewandt, so geschieht dies in der Regel unkommentiert und ohne Begründung. Eine etwas kuriose Ausnahme stellt das Papier *„Die aktuelle Treibhausgasemissionsbilanz von Elektrofahrzeugen in Deutschland"* vom Fraunhofer-Institut für System- und Innovationsforschung (ISI) in Karlsruhe dar. Prof. Wietschel schreibt: [247]

„Teilweise werden in Studien auch die stündlichen THG-Emissionen des Grenzkraftwerks zur Bewertung der THG-Emissionen für BEV angesetzt … Kritisch hieran ist, dass die Wahl der Anwendung, die die letzte nachgefragte stündliche Kilowattstunde Strom nachfragt, stark Annahmen getrieben ist. Jede der Anwendungen, die dann diese letzte Kilowattstunde nachfragt, schneidet schlecht ab, weil, wie in Abschnitt 4.1 dargestellt, das Grenzkraftwerk i.d.R. ein fossiles Kraftwerk ist und damit höhere THG-Emissionen aufweist als der durchschnittliche Strommix der jeweiligen Stunde."

In diesen Kontext Begriffe wie *„stündliche THG-Emissionen"* sowie *„letzte nachgefragte stündliche Kilowattstunde"* einzustreuen, lenkt die Aufmerksamkeit des Lesers auf den einzelnen Verbraucher, der zu einem bestimmten Zeitpunkt dem Netz als Letzter Strom entnimmt. Nur wenn dieser eindeutig bestimmt werden könne, sei eine Differenzstrombetrachtung sinnvoll, so Wietschels Botschaft:

„Sagt man, dass die Wärmepumpen bis 2030 einen hohen Anteil an der Stromnachfrage haben und untersucht dann die THG-Emissionen für BEV, dann schneiden diese als "Grenznachfrager" schlecht ab, die Wärmpumpen hingegen gut. Dreht man es um und lastet zuerst die BEV in das Stromsystem ein und untersucht anschließend die Effekte der Wärmepumpe, dreht sich das Ergebnisse gerade andersherum. Zur Illustration siehe Abbildung 5.[37] Diese zeigt, dass Veränderungen der Gesamtstromnachfrage sowie der Systemlast bis zum Jahr 2030 durch eine Reihe an neuen Nachfragern verursacht ist. Deshalb wird dieser Ansatz verworfen."

Damit führt Wietschel den Leser in die Irre. Es soll der Eindruck entstehen, der sachlich gebotenen Anwendung des Marginalstromansatzes liege eine unüberwindliche Hürde im Weg. Tatsächlich ist die zeitliche Reihenfolge, in der die einzelnen Verbraucher dem Stromnetz zugeschaltet werden, in diesem Kontext vollkommen irrelevant. Um eine Klimabilanz für ein bestimmtes, neues Produkt zu erstellen, sind ganz andere Fragen zu stellen: Wie wirkt sich der kumulierte Zusatzstrombedarf dieses Produktsegments auf die Stromerzeugung aus? Welche Kraftwerke werden ihre Leistung erhöhen? Wieviel CO_2 werden diese zusätzlich emittieren?

---

37 Abbildung 5 ist beschriftet mit „Laständerung ausgewählter Prozesse und Anwendungen zwischen 2015 und 2030"

Im Falle des zusätzlichen, d.h. neu in den Markt einzuführenden Produkts Elektroauto kann die Zusammensetzung des fossilen Strommix entweder als Durchschnittswert über einen betrachteten Zeitraum abgeschätzt oder mittels numerischer Modellierung ermittelt werden – mit eindeutigem Ergebnis: [1248]

> *„Am DIW Berlin wurden mit einer erweiterten Version des Strommarktmodells ElStorM die Mengen- und Preiseffekte einer gesteuerten, kostenminimierenden Aufladung verschiedener Elektrofahrzeugflotten für eine beispielhafte Woche analysiert … Die zusätzliche Stromnachfrage von Elektrofahrzeugen führt – ohne die Berücksichtigung erneuerbarer Erzeugungskapazitäten – vor allem zu einer höheren Auslastung von Kohlekraftwerken. … Daher sollten bei der Berechnung fahrzeugbedingter CO_2-Emissionen derzeit die Emissionen von Kohlekraftwerken angenommen werden und nicht der durchschnittliche deutsche Kraftwerksmix.“*

Aufschlussreich ist auch die Begründung, warum die EE keinen Eingang in das Strommarktmodell fanden:

> *„Die Windkraft wird aus modelltechnischen Gründen nicht berücksichtigt. Die Windkrafteinspeisung ist derzeit gesetzlich reguliert und mit einer Mindestvergütung verknüpft, sodass sie auf die Marktergebnisse an der Strombörse nur einen geringen Einfluss hat.“*

In anderen Worten: Für Strom aus EE besteht aufgrund gesetzlicher Regelungen eine Abnahmegarantie. Dieser Strom kann auf dem Markt nicht noch einmal angeboten werden. Daher kann auch der neu hinzukommende Ladestrombedarf der Elektroautos nicht mit Strom aus EE gedeckt werden. Damit bestätigt das DIW de facto, dass zusätzlicher Strom zur Aufladung von E-Autos aus fossilen Kraftwerken stammt.

Ausgehend von seinen falschen Annahmen kommt Prof. Wietschel zu falschen Schlussfolgerungen: [1249]

> *„Stellenweise wird argumentiert, dass, solange Braunkohlekraftwerke (oder andere Kohlekraftwerke) noch in Betrieb sind, die zusätzliche Stromnachfrage aus BEV gegen diese zu bilanzieren sind. Auch hier kommt die Frage auf, welche neue Stromanwendung, z. B. BEV, neue IKT-Anwendungen, Wärmepumpen, Bahn-strom, Klimaanlagen etc. die letzte neue Nachfrage bilden (siehe auch die Diskussion in Kapitel 4.6 und die dort aufgezeigten Änderungen in den Anwendungen, die künftig Strom nachfragen). Dies kann wissenschaftlich nicht beantwortet werden.“*

Das Umweltbundesamt sah sich 2016 durchaus in der Lage, diese Frage sinnvoll zu beantworten – indem es nicht nach einzelnen Verbrauchern fahndete, sondern die Folgen des Zusatzbedarfs neuer Nachfragesegmente untersuchte: [1250]

> *„Dies zeigt sich besonders deutlich im Marginalmix, also dem Strommix, der konkret der ‚Betankung' von Elektrofahrzeugen zugeordnet werden kann, wenn man annimmt, dass diese unter sonst gleichen Bedingungen als zusätzliches Marktsegment dazu stoßen."*

Folgte man Prof. Wietschels (auf die Reihenfolge der Zuschaltung individueller Verbraucher verengter) Logik, so könnte gar keinem Produkt Zusatzstrom zugeordnet werden - weil es schon einen kurzen Augenblick später immer jemanden geben wird, der noch später zugeschaltet wurde. Tatsächlich wird der zusätzliche Strom für Elektroautos in beiden, von Wietschel genannten Fällen - mit und ohne Wärmepumpen - von fossilen Kraftwerken erzeugt. Um mit seinen Worten zu sprechen: „Letzter Nachfrager" ist stets das Produkt, dessen Klimabilanz zu erstellen ist.

Wietschel schreibt ferner:

> *„Weiterhin geht die Nachfrage nach Strom aus klassischer Weißer Ware (Kühlschränke, Waschmaschinen...) eher zurück (siehe Abbildung 5) und man müsste die Frage beantworten, welche neue Anwendung die entstehende Lücke füllt."*

Dieser Exkurs zu anderen, stromverbrauchenden Anwendungen stellt einen bemerkenswerten Verstoß gegen die Ceteris-paribus-Klausel dar: [251]

> ***„Ceteris paribus*** *bedeutet sinngemäß „unter sonst gleichen Bedingungen". … Will man herausfinden, wie eine erste Variable eine zweite beeinflusst, schaut man sich mehrere Situationen an, in denen beide auftauchen. Ceteris paribus verlangt nun, dass alle anderen Bedingungen gleich bleiben müssen. Damit soll ausgeschlossen werden, dass eine dritte, vierte usw. Variable den beobachteten Effekt mit beeinflusst, und somit sichergestellt werden, dass die Ergebnisse der Untersuchung ausschließlich den Zusammenhang zwischen abhängiger und unabhängiger Variable beschreiben. Ceteris paribus ist eine wesentliche Voraussetzung für interne Validität."*

Um eine aussagekräftige Klimabilanz des Elektroautos zu erstellen, ist der Einfluss genau dieses Stromverbrauchers auf die Stromproduktion zu betrachten. Werden weitere stromverbrauchende Anwendungen einbezogen (die diesen Einfluss kompensieren oder verstärken können), so ist eben nicht mehr *„sichergestellt … dass die Ergebnisse der Untersuchung ausschließlich den Zusammenhang zwischen abhängiger und unabhängiger Variable beschreiben."*

Gegen Ende seiner Ausführungen zur Marginalbetrachtung schreibt Wietschel Überraschendes:

„Eine andere Frage, die in Stahl (2019) aufgeworfen wird, ist, ob man nicht lieber eine Kilowattstunde EE dazu verwenden sollte, eine Kilowattstunde Braunkohlestrom zu substituieren oder ein BEV zu betreiben. In dem Beitrag von Stahl (2019) wird berechnet, dass die Braunkohlestromsubstitution zu einer höheren CO_2-Einsparung führt und deshalb BEV heute als Klimakiller zu bezeichnen seien (Stahl 2019).“

Stahls Berechnungsergebnisse widerlegen Prof. Wietschels Behauptungen vollständig.[252] Dieser versucht gar nicht erst eine inhaltliche Entgegnung, sondern setzt unvermittelt zu einer Suade an:

„Der Beitrag lässt drei wesentliche Aspekte außer Betracht. Zum einen geht es nicht um ein entweder oder. Zur Erreichung ambitionierter Klimaschutzziele muss aus der Braunkohleerzeugung ausgestiegen werden (oder zumindest eine CO_2-Abscheidung und Speicherung bei Kohlekraftwerken vorgesehen werden) und es müssen BEV (oder andere auf emissionsfreien Quellen basierende Antriebssysteme für Pkw) eingeführt werden. In diesem Punkt sind sich alle relevanten nationalen und internationalen Studien zu Klimaschutzzielen einig (siehe z. B. BDI 2018). Eine sukzessive Vorgehensweise – erst das Abschalten von Braunkohlekraftwerken und dann die Einführung von BEV – ist wegen den Zeitkonstanten und der Marktdiffusionsgeschwindigkeit notwendiger Technologien nicht zielführend. Aus der Braunkohle wird man aus Gründen der Versorgungssicherheit, des Strukturwandels und der sozialen Gerechtigkeit schrittweise aussteigen. Neue Technologien wie die Elektromobilität hingegen brauchen Jahrzehnte, bis relevante Marktanteile erreicht werden.“

Eine Elektrifizierungsmaßnahme ist sinnvoll, wenn sie die Treibhausgasemissionen netto senkt. Dazu muss sie mehr CO_2-Emissionen einsparen als die aufgrund des zusätzlichen Strombedarfs ausbleibende Fossilstromverdrängung. Studien, die dieses Faktum ignorieren, sind wissenschaftlich wertlos; Maßnahmen, welche die Emissionen nicht verringern oder sogar erhöhen, sind verfrüht. Wietschel möchte augenscheinlich ein diesen Bilanzierungen übergeordnetes Bewertungskriterium einführen; neue Technologien sollen sich solchen Prüfungen entziehen und nicht mehr infrage gestellt werden dürfen. Ob das eine systematisch falsche CO_2-Bilanzierung des Elektroautos rechtfertigt, möge jeder Leser für sich entscheiden.

11.1.5 Der klimaschädliche Kampf des SRU gegen Erdgas

Im Kapitel über die Folgen wissenschaftlicher Fehlberatung war bereits aufgezeigt worden, dass dieses Gremium die Klimavorteile von Erdgas als Kraftstoff leugnet:

„Eine Förderung von Erdgasantrieben als „Brückentechnologie" hält der SRU für nicht zielführend, da diese immer noch relativ hohe CO$_2$-Emissionen besitzen." [1253]

Hier soll es nun darum gehen, wie der Sachverständigenrat seine Meinung zu begründen versucht:

„… gegenüber Dieselfahrzeugen besteht aufgrund des geringeren energetischen Wirkungsgrads kein nennenswerter Klimavorteil.

Tatsächlich hängen die Klimabilanzen der verschiedenen Primärenergieträger für den Verkehrssektor von vielen Einflussfaktoren ab. Mindestens ebenso wichtig wie die Effizienz der Motoren ist der CO$_2$-Ausstoß je Energieeinheit des Kraftstoffs. Erdgas hat den Vorteil, aufgrund des geringen Kohlenstoffanteils bei der Verbrennung deutlich weniger CO$_2$ entstehen zu lassen. Unter Berücksichtigung der aktuellen Bereitstellungsverluste kam das österreichische Umweltbundesamt im Januar 2020 zu bemerkenswerten Ergebnissen (Angaben in Gramm Kohlendioxid je Kilowattstunde Heizwert): [1254]

Benzin	327 g
Diesel	318 g
Erdgas	271 g

Diese Unterschiede wirken sich auch auf die Fahrzeugemissionen aus: [38]

VW Golf Diesel	155 g CO$_2$/km
VW Golf CNG (Erdgasbetrieb)	122 g CO$_2$/km

In seiner Begeisterung für Elektroautos scheint der Sachverständigenrat auch die bislang ungenutzten Effizienzreserven des Verbrennungsmotors übersehen zu haben. Heutige, mit Erdgas betriebene Autos sind bivalent ausgelegt, d.h. sie können auch mit Benzin betrieben werden. Das zwingt zu Kompromissen beim Wirkungsgrad. Professor Stefan Pischinger, Leiter des Lehrstuhls für Verbrennungskraftmaschinen an der RWTH Aachen, wies darauf hin, dass für Erdgasbetrieb optimierte Motoren die CO$_2$-Emissionen noch deutlich senken können:

„Der wissenschaftlich-rechnerische CO$_2$-Vorteil von Erdgas gegenüber Benzin liege bei rund 25 Prozent, so Pischinger." [1255]

Verglichen mit optimierten Verbrennungsmotoren hat das Elektroauto auch dann keine bessere Klimabilanz, wenn der Strom mit Erdgas erzeugt wird: [39]

---

38 Zur Herleitung dieser Werte siehe die vorherigen Kapitel
39 Zur Herleitung der Werte siehe die vorherigen Kapitel

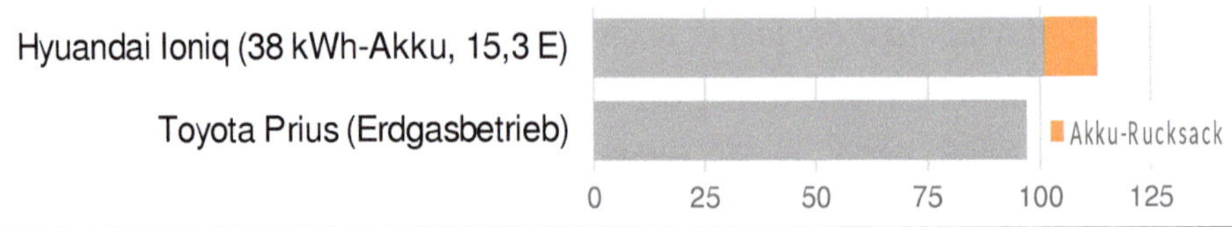

Abbildung 15: CO₂-Emissionen eines ICEV und eines BEV
mit Erdgas als Primärenergie [g CO₂/km]

Wie effizient Verbrennungsmotoren darüber hinaus noch werden können, erläuterte der ADAC 2017: [256]

„So kommt das Forschungsinstitut ICCT (2016) zu dem Ergebnis, dass ein CO2-Grenzwert von 70 g/km (NEFZ-Basis, entspricht ca. 78 g/km auf WLTP-Basis) für 2025 allein durch eine weitere Verbesserung der herkömmlichen Verbrennungsmotoren sowie der Hybridtechnologie und somit auch ohne nennenswerten Marktanteil von Elektrofahrzeugen und Plug-In-Hybriden erreicht werden kann."

Die Behauptungen des SRU, im Hinblick auf den Klimaschutz wäre Erdgas als Kraftstoff für die kommenden Jahrzehnte ungeeignet, beruhen auf nachweisbar falschen Annahmen. Das Gegenteil trifft zu: Die Treibhausgasemissionen würden mit Erdgasautos sofort sinken, mit Elektroautos hingegen tendenziell steigen.

Eine weitere Begründung für die Privilegierung batterieelektrischer Fahrzeuge ist ebenfalls nicht nachvollziehbar:

„Auch mit Blick auf die zu schaffenden Infrastrukturen sollten diejenigen Technologien gefördert werden, die langfristig die Einhaltung der Klimaziele gewährleisten. So wird verhindert, dass die Infrastruktur mehrfach – unter hohen Kosten – angepasst oder parallel betrieben werden muss."

Wieder trifft das Gegenteil zu. Der Strombedarf in Deutschland wird sich vervielfachen. Diese Menge kann aus regenerativen Quellen weder in Deutschland produziert noch aus Nachbarländern importiert werden. Daher wird ein großer Teil des Energiebedarfs durch Importe grüner Synfuels gedeckt werden müssen. Dafür müssen gigantische Produktionsanlagen errichtet werden. Fraglich ist daher, ob man sich dann zusätzlich noch die nicht notwendigen Kosten einer eigenständigen BEV-Ladeinfrastruktur wird leisten können und wollen.

Das Plädoyer des SRU für die Elektromobilität ist rundherum schwach fundiert.

11.1.6 Das Öko-Institut und die „Systemperspektive"

Der Titel dieser Studie von 2017 ist zugleich Programm: *„Handlungsbedarf und -opti-onen zur Sicherstellung des Klimavorteils der Elektromobilität"*. Damit sagen die Autoren klar, worum es ihnen geht: [1257]

> *„Während insbesondere Ökostromversorger und Verbraucherorganisationen dem individuellen Strombezug einen hohen Stellenwert für die ökologische Bewertung von Elektrofahrzeugen zuweisen, messen vor allem Fahrzeughersteller und traditionelle EVU diesem Aspekt nur eine Bedeutung auf kommunikativer Ebene bei. Für die ökologische Bewertung der Elektromobilität ist aus ihrer Sicht aber die Systemperspektive entscheidend, wobei sie keine Differenzierung zwischen verschiedenen Gruppen von Stromverbrauchern vornehmen wollen. Daher legen sie der Bewertung den durchschnittlichen Strommix zugrunde."*

Noch klarer kann man es kaum ausdrücken: Die sachlich gebotene Marginalstrombetrachtung wird verworfen, weil *„Fahrzeughersteller und traditionelle EVU"* es ablehnen, *„zwischen verschiedenen Gruppen von Stromverbrauchern"* zu differenzieren - sondern eine eigene Sichtweise propagieren, die angeblich Erstaunliches leiste:

> *„In der Systemperspektive kann ein deutlicher Klimavorteil der Elektromobilität als gesichert angesehen werden."*

Wohl wissend, dass dieser Klimavorteil außerhalb ihres Gedankenkonstrukts *„Systemperspektive"* nicht existiert, machen die Autoren eine wichtige Einschränkung:

> *„Allerdings kann die Elektromobilität bis 2030 in der Systemperspektive ohne die Umsetzung zusätzlicher Maßnahmen nicht als klimaneutral bewertet werden. Damit die dargestellte Netto-Reduktion an CO_2-Emissionen erzielt werden kann ist ein zusätzlicher Ausbau von EE-Kapazitäten im Stromsektor im Vergleich zu einem Referenzfall ohne Elektromobilität notwendig."*

Tatsächlich könnte auch bei einem *„zusätzlichen Ausbau von EE-Kapazitäten"* von Klimaneutralität keine Rede sein. Angenommen, es käme wirklich speziell für E-Autos zu einem über die bisherigen Planungen hinausgehenden Neubau von Windrädern und Photovoltaikanlagen; diese Anlagen würden sich nach der Inbetriebnahme in keiner Weise von denen unterscheiden, die unabhängig von den Elektroautos errichtet worden sind. Auch für diese Leistung würde der Einspeisevorrang des EEG gelten, d.h. sie würde grundsätzlich immer ins Netz eingespeist werden, unabhängig davon, ob Elektroautos gerade Ladestrom benötigen. [1258] Das bedeutet: Sind mehr Elektroautos aufzuladen, so würden weiterhin nur fossile Kraftwerke hochgeregelt werden. Wird weniger Ladestrom benötigt, dann fahren unverändert nur fossile Kraftwerke ihre Leistung herunter. Der zusätzliche Ausbau würde nichts daran ändern, dass für eine realistische Klimabilanz von E-Autos nur der fossile Strommix relevant ist.

Die Herkunft des Stroms wird mehrmals angesprochen:

> *„Ein zentraler Treiber für die Markteinführung von Elektromobilität ist die erforderliche Minderung der verkehrsbedingten Treibhausgasemissionen. Die Frage der „Klimafreundlichkeit" von Elektrofahrzeugen ist jedoch unmittelbar mit der Frage nach der Art der Strombereitstellung verbunden."*

Wohl wissend, wie kritisch dieser Punkt für das Image des Elektroautos ist, empfehlen die Autoren als Ausweg erneut den weiter oben beschriebenen Bilanzierungstrick:

> *„In der Modellierung wurde auch die Wechselwirkung des aufgrund der Elektromobilität ansteigenden Strombedarfs mit dem im EEG festgelegten Ausbauziel für EE-Strom berücksichtigt: Da das Ziel als prozentualer Anteil am gesamten Strombedarf festgelegt ist, führt ein erhöhter Strombedarf zu einer höheren Zielmarke für den Ausbau der EE-Stromerzeugung."*

Soll dies den Leser glauben machen, ein erhöhter Strombedarf führe stets zu einem erhöhten Ausbau? Dazu werfen wir einen Blick in das EEG: [259]

> *„Ziel dieses Gesetzes ist es, den Anteil des aus erneuerbaren Energien erzeugten Stroms am Bruttostromverbrauch zu steigern auf*
>
> *1. 40 bis 45 Prozent bis zum Jahr 2025,*
>
> *2. 55 bis 60 Prozent bis zum Jahr 2035 und*
>
> *3. mindestens 80 Prozent bis zum Jahr 2050."*

Das ist kaum mehr als eine unverbindliche Absichtsbekundung. Dass ein größerer Absatz von Elektroautos den EE-Ausbau beschleunigen würde, lässt sich daraus nicht ernsthaft ableiten.

Weitere Zitate zum zusätzlichen EE-Ausbau:

> *„Grundsätzlich wäre es möglich, über die beschriebenen Wirkungsmechanismen des EEG und des nationalen EE-Ziels hinaus im Kontext der Elektromobilität eine zusätzliche EE-Stromerzeugung und damit einen weiter erhöhten Klimavorteil zu bewirken."*

Wahr ist: Die *„Wirkungsmechanismen"* wirken nicht (da sie keine Kopplung von Elektroautos an den EE-Ausbau sicherstellen), und einen Klimavorteil bewirkt nur die Stromerzeugung aus EE; der Strombedarf der E-Autos macht diesen wieder zunichte.

Der vorgeschlagene Bilanzierungstrick wird weiter verfeinert:

> *„Damit die genannten Mechanismen Wirkung entfalten können, müssten deshalb als zweite Maßnahme die realisierten zusätzlichen EE-Strommengen explizit von der Anrechnung auf das Ausbauziel für EE-Strom ausgenommen werden."*

Tatsächlich gibt es keine vom E-Auto-Absatz induzierten *„zusätzlichen EE-Strommengen"*, das ist pure Phantasie. Die Grünstromproduktion wird auf Jahrzehnte hinaus hinter dem (aufgrund der vielen Elektrifizierungsprojekte steigenden) Bedarf zurückbleiben. Diesen Mangel noch weiter zu erhöhen, wird den EE-Ausbau nicht beschleunigen.

Schließlich wird noch einmal versucht, dem Konstrukt der *„Systemperspektive"* einen Sinn zu geben:

> *„In der Systemperspektive, die letztlich für alle Akteure handlungsleitend sein sollte, kommt es dagegen darauf an, ob eine zusätzliche EE-Stromerzeugung realisiert wurde."*

Die Frage, ob die Gesamtbilanz ohne einen zusätzlichen Stromverbrauchernicht besser ausfiele, kommt diesen Autoren nicht in den Sinn.

In der ansonsten differenzierten und lesenswerten Studie *„eMobil2050 - Szenarien zum möglichen Beitrag des elektrischen Verkehrs zum langfristigen Klimaschutz"* desselben Instituts finden sich zur Differenzstrommenge geradezu amüsante Anmerkungen:

> *„In Bezug auf die Analyse der Differenzstrommenge im Kontext von Elektromobilität ist grundsätzlich zu beachten, dass hieraus keine automatischen Schlüsse über die CO_2-Intensität der Stromversorgung für den Verkehr abgeleitet werden können."* [1260]

Das würde man schon gerne etwas genauer erläutert bekommen, denn da der Differenzstrom nun einmal von fossilen Kraftwerken zu erzeugen ist, mag daraus vielleicht nicht die CO_2-Intensität *„des Verkehrs"*, wohl aber der Elektroautos abgeleitet werden können.

> *„Es handelt sich vielmehr um ein analytisches Vorgehen, welches Rückschlüsse auf den veränderten Kraftwerkseinsatz und den notwendigen zusätzlichen Ausbaubedarf ermöglicht."*

Die Autoren weigern sich beharrlich, die einfachen Wahrheiten anzuerkennen, dass

1. der *„veränderten Kraftwerkseinsatz"* ursächlich auf den zusätzlichen Stromverbraucher E-Auto zurückzuführen ist und

2. zusätzlicher Ausbau die Ökostromquote erhöht, wohingegen mehr Elektromobilität diese senkt.

Nächstes Zitat:

> *„Alternativ zur direkten Zuordnung der Emissionen der Differenzstromerzeugung zum elektrischen Verkehr (Marginalbetrachtung) ist auch eine Durchschnittsbetrachtung, die die veränderte Stromerzeugung in Form eines veränderten Durchschnittswerts auf alle Stromverbraucher anwendet, zulässig."*

Das ist richtig – wird allerdings, soweit dem Autor bekannt, von keiner einzigen Studie praktiziert. Ob's wohl daran liegen mag, dass die Klimabilanz der Elektromobilität auch mit diesem Ansatz höchst ungünstig ausfällt, weil damit offengelegt wird, dass

E-Autos anderen Verbrauchern Grünstrom entziehen? Diese Botschaft eignet sich nun mal nicht, um Subventionen und Verbote zu begründen.

„Die Betrachtung der Differenzstrommenge ermöglicht es jedoch, für einen neuen Stromnachfrager – in diesem Fall Elektromobilität – der unter den getroffenen Annahmen in den eMobil Szenarien deutlich an Bedeutung gewinnt, in bisherigen Ausbauszenarien für den Kraftwerkspark jedoch nur wenig oder gar nicht berücksichtigt wird, den notwendigen Handlungsbedarf für eine vollständige Deckung der zusätzlichen Stromnachfrage durch erneuerbare Energien aufzuzeigen."

Die Autoren finden keinen Weg, der sie aus ihrer argumentativen Sackgasse wieder herausführt. Denn ganz gleich, wie viel Strom aus erneuerbaren Energien hergestellt wird, es läuft stets auf dasselbe Dilemma hinaus: Ladesstrom kann keinen Fossilstrom aus dem Netz drängen.

Das Öko-Institut hätte sich hierzu besser vom Wuppertal Institut und vom IFEU beraten lassen sollen. Über den Betrieb von E-Autos mit regenerativem Strom schrieben beide in einem gemeinsamen Papier: [261]

„Dann kommen zu dem emissionsfreien Betrieb vor Ort die Vorteile des (weitestgehenden) Wegfalls der fossilen Kraftwerksemissionen inkl. derer Klimagasemissionen. Dabei ist jedoch zu berücksichtigen, dass durch den Einsatz im E-Auto diese regenerative Elektrizität nicht mehr konventionelle, beispielsweise fossile Energiebereitstellung substituieren kann."

11.1.7   Das problematische Verhältnis des UBA zum Marginalstrom

Diese Behörde hat eine entscheidende Rolle dabei gespielt, der missbräuchlichen Verwendung des Durchschnittsstromansatzes mit einer widersprüchlichen und inkonsequenten Argumentation den Weg zu bereiten.

Im Auftrag des UBA hatte das IFEU 2016 die Studie „Weiterentwicklung und vertiefte Analyse der Umweltbilanz von Elektrofahrzeugen" verfasst. Darin heißt es auf Seite 86: [262]

„Einen besonders großen Einfluss auf die Umweltbewertung hat die Strombereitstellung. Die hier verwendete Bilanzierung des deutschen Strommix (bzw. des EU27-Strommix) mit zusätzlicher Sensitivität erneuerbarer Stromerzeugung wurde bereits in früheren IFEU-Studien praktiziert und ist auch gängige Praxis (siehe z.B. [Held, 2011; Notter et al., 2010; Öko-Institut, 2011a; VW, 2014])."

Auf Seite 111 wird hingegen korrekt erläutert, dass die *„Marginalbetrachtung"* einen *„Ladestrommix"* ergibt, worunter der *„Kraftwerkspark"* zu verstehen ist, *„der zur Be-*

tankung von Elektrofahrzeugen unter sonst gleichen Bedingungen tatsächlich in Anspruch genommen wird".

Warum das UBA duldet, dass die abschließende Umweltbewertung des E-Autos nicht auf dem *„Kraftwerkspark"* basiert, der eigenen Worten zufolge *„zur Betankung von Elektrofahrzeugen unter sonst gleichen Bedingungen tatsächlich in Anspruch genommen wird"*, wird nicht kommentiert. Die willkürlichen und falschen Annahmen führen auch in diesem Fall zu falschen Schlussfolgerungen:

> *„Auch wenn durch den geplanten Ausbau erneuerbarer Energien im Strommix die Klimaschutzvorteile durch Elektrofahrzeuge zukünftig zunehmen, können diese durch geeignete Maßnahmen noch gesteigert werden."*

„Klimaschutzvorteile durch Elektrofahrzeuge" kann auch das UBA nur mittels der bekannten Luftbuchungen postulieren. Hinweise auf das Motiv finden sich möglicherweise auf den ersten Seiten dieses Papiers. Zitat:

> *„Die Bundesregierung hat sich das Ziel gesetzt, bis zum Jahr 2020 einen Massenmarkt für Elektrofahrzeuge zu schaffen."*

Dass die Elektromobilität noch für lange Zeit nichts dazu beitragen kann, die Treibhausgasemissionen zu verringern, ist eine Botschaft, die der Schaffung eines „Massenmarkts für Elektrofahrzeuge" gewiss nicht förderlich wäre. Das Umweltbundesamt will Konflikte vermeiden und politisch gesetzten Zielen nicht im Wege stehen.

11.1.8 Europäische Institutionen: Gutachten zu Diensten der Politik

Der Konsens, dem Elektroauto zum Durchbruch zu verhelfen, hat sich auch auf europäischer Ebene herausgebildet. Den Wert einer Methodik daran zu messen, wie gut die Ergebnisse zur Werbung für Elektroautos taugen, ist daher keine deutsche Besonderheit. So erschien 2017 eine Studie der Universität Brüssel mit dem Titel "Life Cycle Analysis of the Climate Impact of Electric Vehicles". Zur Frage des Strommixes schreibt der Autor Dr. Maarten Messagie: [1263]

> *"In literature both average and marginal electricity mixes are allocated to electric vehicles, resulting in unclear recommendations to decision-makers. The marginal system modelling approach falsely claims to model all the consequences that the new and additional customer (the BEV) has on the extra needed capacity in the electricity grid. However, the determination of the technologies that change the future installed electricity capacity is constrained by many issues not related to a change in demand: political targets, business perspectives, emission trading systems, emission ceilings, physical limitations and demand of co-products.*

Dieser Autor versucht die Richtigkeit der Marginalstrombetrachtung mit der Begründung infrage zu stellen, daraus ergäben sich *„unklare"* Empfehlungen an die Entscheidungsträger. Ob eine Methodik richtig, d.h. dem zu untersuchenden Zusammenhang angemessen ist, hängt jedoch in keiner Weise davon ab, ob die Ergebnisse der Anwendung dazu taugen, politische Maßnahmen zu legitimieren.

Auch dieser Autor ist nicht auf Erkenntnis aus. Die Ergebnisse der Differenzstrombetrachtung missfallen ihm, das ist alles.

11.2 Automobilhersteller: Hauptsache Kohle?

VW-Chef Herbert Diess ist über die CO_2-Emissionen von Elektroautos genauestens im Bilde. 2018 meinte er in der Fachzeitschrift „Automobil Produktion":

„ 'Denn die Wahrheit ist: Sie stellen nicht auf Elektro um, sondern auf Kohlebetrieb. Und wenn Sie dann noch mit Kohlestrom fahren, wird E-Mobilität wirklich zum Wahnsinn.'... Es sei nicht sinnvoll, Elektroautos auf die Straße zu bringen, wenn der Strom für sie aus Kohle stamme: ,Dann fahren wir mit Kohle statt Erdöl und produzieren mehr CO2 als heute.'" [264]

Dennoch treibt er den Umstieg auf das Elektroauto seit 2019 energisch voran:

„Volkswagen-Chef Diess setzt mit Milliardeninvestitionen darauf, dass sich Elektroautos in den nächsten Monaten am Markt durchsetzen werden. Er warnt vor irrationalen Debatten über Alternativen." [265]

Wie begründet er, nun etwas zu tun, was er ein Jahr zuvor noch für Wahnsinn erklärte?

„Wir werden die erheblich verschärften EU-Flottengrenzwerte ab 2020 einhalten", sagte Diess. Elektrifizierung sei der mit großem Abstand kostengünstigste Weg zu CO2-freier Mobilität „und somit richtig für die Gesellschaft, unsere Mitarbeiter und deren Arbeitsplätze und letztlich auch für unsere Aktionäre".

Vier der sechs genannten Motive für die Elektrifizierung der VW-Flotte haben nichts mit der Verringerung von Treibhausgasemissionen zu tun, sondern beruhen auf einzelwirtschaftlichen Interessen des Volkswagen-Konzerns. Das ist kein Zufall.

Volkswagen verfügt durchaus über das technische Knowhow, um profitable Autos mit Verbrennungsmotoren zu entwickeln, welche die neuen Grenzwerte einhalten können. Vor einigen Jahren war noch ein Non-Plugin-Hybridauto im Angebot, [266] außerdem hat VW lange Zeit auch Erdgasautos und in einer Kleinserie mit Preisen von über 100.000 € sogar einmal ein Ein-Liter-Auto [267] angeboten. Die politischen Rahmenbedingungen haben auf die Entscheider aber offensichtlich nicht die geeigneten Anreize ausgeübt, um beide Techniken zu kombinieren und so die Treibhausgasemissionen auf das technisch machbare Niveau zu senken. Wolfsburg setzt stattdessen auf den Verkauf von profitablen Spritschluckern[40]:

> *„Volkswagen steigert Gewinn: ‚Die SUV-Offensive ist weltweit ein voller Erfolg'"*[1268]

VW-Chef Diess weiß natürlich genau, dass Elektroautos in ökologischer Hinsicht heute noch genauso unsinnig wie vor einem Jahr sind. Er hält den Ablasshandel mit staatlich geförderten E-Autos für den kostengünstigsten Weg, um Strafzahlungen aufgrund der Grenzwertüberschreitungen der SUV zu vermeiden. Ziel seines Handelns ist nicht Klimaschutz, sondern Profit.

---

40 Auch kleine SUV verbrauchen mehr Kraftstoff als herkömmliche Autos derselben Klasse

12. Lässt sich die voreilige Einführung von Elektroautos noch bremsen?

Politiker haben sich einer Mission verschrieben. Wissenschaftler haben alternative Fakten herbeifabuliert, um politisch gesetzten Vorgaben zu entsprechen. Milliarden an Steuergeldern wurden vergeudet. Zulieferer wurden ruiniert, Autohersteller haben ganze Modellreihen elektrifiziert.

Eine Wende aufgrund besserer Einsicht ist unter diesen Umständen nicht zu erwarten. Dazu müssen äußere Umstände hinzukommen. Für die Batterieherstellung unentbehrliche Rohstoffe könnten knapp werden. Es ist auch keineswegs sicher, dass die Konsumenten sich mit den absehbaren Einschränkungen ihrer Mobilität abfinden werden. Ende 2021 schien die Stimmung zumindest vorübergehend zu kippen:

> *„Die E-Mobilität scheint in einer Krise zu stecken: Die Neuzulassungen von Elektroautos bleiben unter denen des Vorjahres zurück. Dabei ist offenbar nicht nur der Nachschubmangel Schuld. Stattdessen gib es ein anderes Problem: Die Kunden wollen keine E-Autos mehr."* [1269]

Fest steht, dass die Nachfrage nach E-Autos mit Subventionen künstlich am Leben gehalten werden muss. Die Fachzeitschrift „Automobil Industrie" berichtete Mitte 2019 über den Marktanteil von Elektroautos: [1270]

> *„Er ist nur in den Ländern bemerkenswert, die umfangreiche Anreize bieten."*

Dieser Zusammenhang wirkt gegebenenfalls auch kontraktiv. Die FAZ berichtete Ende Februar 2020:

> *„In China sinkt die Nachfrage nach E-Autos massiv, seit der Staat die Subventionen gestrichen hat."* [1271]

Ohne staatliche Subventionierung gibt es keine nennenswerte Nachfrage. Das gilt auch für Deutschland, wie aus einer anderen Meldung der FAZ vom 5. Dezember 2019 hervorgeht: [1272]

> *„Der Verkauf von Elektroautos ist offenbar zum Erliegen gekommen. Das liegt auch an der beschlossenen höheren Kaufprämie – die noch nicht in Kraft ist."*

Die Bundesregierung hatte angekündigt, den Kaufzuschuss von 4.000 auf 6.000 Euro zu erhöhen, diese Pläne aber noch nicht umgesetzt. Das genügte, um den Absatz auf null sinken zu lassen.

Die Politik hat die Nachfrage nach BEV künstlich geschaffen. Sie hat auch die Möglichkeit, diesen Fehler zu korrigieren.

Ursprünglich sollten die Subventionen 2022 auslaufen, wurden ein Jahr zuvor aber bis Mitte des Jahrzehnts verlängert.[1273] Ob die Politik angesichts der enormen Kosten der Energiewende die Elektromobilität 2025 immer noch so großzügig sponsorn kann - und ob sie dies anhand der zu erwartenden Stromknappheit noch will -, wird sich zeigen.

Es gibt überhaupt keinen Grund, sich mit der eingeschränkten Nutzbarkeit von Elektroautos abzufinden - denn zum Klimaschutz tragen sie gar nichts bei.

13. Stichwortverzeichnis

14.   Quellen

Hinweis: Buchtitel und ISBN-Nummer führen zu einer Website, auf der diese Liste online verfügbar ist. Im März 2022 lautete die URL: https://derelektroautoschwindel.com

1 https://www.bmwi.de/Redaktion/DE/Pressemitteilungen/2016/20160518-kabinett-beschliesst-foerderung-von-elektroautos.html

2 https://www.faz.net/aktuell/technik-motor/iaa/vw-chef-diess-fordert-mehr-staatsgeld-fuer-elektroautos-16376530.html

3 https://ecomento.de/2019/09/12/europas-autobauer-fordern-mehr-elektroauto-foerderung-acea/

4 https://ecomento.de/2019/10/03/klimapaket-regierung-will-e-mobilitaet-mit-93-milliarden-euro-foerdern/

5 https://www.welt.de/wirtschaft/plus233029959/20-000-Euro-pro-Fahrzeug-so-teuer-sind-E-Autos-fuer-den-Steuerzahler.html?

6 https://derelektroautoschwindel.wordpress.com/2021/12/07/fossilstromautos-werden-noch-viel-starker-subventioniert-als-bislang-bekannt-mit-bis-zu-40-000-e-je-fahrzeug/

7 https://www.isi.fraunhofer.de/content/dam/isi/dokumente/sustainability-innovation/2019/WP02-2019_Treibhausgasemissionsbilanz_von_Fahrzeugen.pdf

8 https://www.agora-verkehrswende.de/fileadmin/Projekte/2018/Klimabilanz_von_Elektroautos/Agora-Verkehrswende_22_Klimabilanz-von-Elektroautos_WEB.pdf

9 https://www.elektroauto-news.net/2020/fuenf-irrtuemer-ueber-elektroautos-wir-decken-auf/comment-page-1 h

10 https://www.adac.de/verkehr/tanken-kraftstoff-antrieb/alternative-antriebe/studie-oekobilanz-pkw-antriebe-2018/

11 http://www.upi-institut.de/upi79_elektroautos.htm

12 https://www.diw.de/documents/publikationen/73/diw_01.c.497917.de/15-10.pdf

13 https://www.researchgate.net/figure/Literature-results-normalised-at-the-most-common-indicator-g-CO2-eq-km-blue-bars-If_fig5_327066754 - open access article distributed under the terms and conditions of the Creative Commons Attribution (CC BY) license 4.0

14 https://www.isi.fraunhofer.de/content/dam/isi/dokumente/ccx/2019/2019-05-15_cc_21-2019_roadmap-gas_lng.pdf

15 Gerüchte über extrem hohen Stromverbrauch bei der Kraftstoffherstellung werden hier widerlegt: https://sedl.at/Umweltirrtuemer/Stromverbrauch_Raffinerien

16 https://www.umweltpakt.bayern.de/download/xls/co2-emissionen_berechnung_lfu_02_2022.xlsx

17 Westnetz, der größte deutsche Verteilnetzbetreiber, gab 2020 7,04 % Übertragungsverluste an: https://www.westnetz.de/de/ueber-westnetz/unser-netz/netzverluste-und-beschaffungskosten-der-verlustenergie.html. Zusammen mit den Verlusten im vorgelagerten Übertragungsnetz werden daher zehn Prozent angenommen.

18 Ende 2021 ermittelte der ADAC für die Ladeverluste von 37 E-Autos (https://www.adac.de/rund-ums-fahrzeug/tests/elektromobilitaet/stromverbrauch-elektroautos-adac-test/) durchschnittlich 16,5 %. Dieser Wert im Buch verwendete Wert ist eine konservative Annahme, weil Akkus bei Kälte beheizt werden müssen und die Verluste mit dem Alter des Akkus und bei Schnellladung steigen.

19 CO_2-Emissionen 2019 incl. Vorkettenemissionen,Kraftwerk-Wirkungsgraden und -Eigenbedarfe (in der Reihenfolge Braunkohle, Steinkohle, Erdgas): 1135, 852 und 515 g CO_2/kWh. Das UBA gibt Erdgas-Emissionen von nur 409 kg/kWh an; das scheint nach einem Vergleich mit anderen Publikationen deutlich zu wenig zu sein. Für Erdgas wird daher eine andere Quelle genutzt.
Kohle: https://www.umweltbundesamt.de/sites/default/files/medien/5750/publikationen/2021-05-26_cc-45-2021_strommix_2021.pdf
Erdgas: https://www.tech-for-future.de/co2-kwh-strom/

20 https://www.energie-lexikon.info/residuallast.html

21 https://www.energieverbraucher.de/de/energiewende__1900/NewsDetail__17550/

22 https://www.umweltbundesamt.de/sites/default/files/medien/378/publikationen/texte_27_2016_umweltbilanz_von_elektrofahrzeugen.pdf

23 https://eplca.jrc.ec.europa.eu/uploads/ILCD-Handbook-General-guide-for-LCA-DETAILED-GUIDANCE-12March2010-ISBN-fin-v1.0-EN.pdf

24 https://www.oeko.de/fileadmin/oekodoc/Manual-oekobilanzen-pkw-antriebe.pdf

25 https://tu-dresden.de/bu/wirtschaft/bwl/ee2/ressourcen/dateien/lehrstuhlseiten/ordner_enerday/ordner_archiv/ordner_enerday2014/ordner_pacp/ordner_fpap/folder-2014-04-22-7870620856/Gruber_fullpaper_2014.pdf?lang=de

26 https://www.ffe.de/veroeffentlichungen/das-merit-order-dilemma-der-emissionen/

27 https://commons.wikimedia.org/wiki/File:Merit_Order_2008_edited_by_Source_crtitic_necessary_-edited_in_PPT.png; mit Verweis auf das Original der Forschungsstelle für Energiewirtschaft e. V. (FfE)

28 https://energy-charts.info/charts/power/chart.htm?l=de&c=DE&stacking=stacked_absolute_area

29 https://www.kba.de/DE/Statistik/Kraftverkehr/VerkehrKilometer/verkehr_in_kilometern_node.html

30 https://de.statista.com/statistik/daten/studie/164149/umfrage/netto-stromverbrauch-in-deutschland-seit-1999/

31 https://www.energy-charts.info/charts/energy_pie/chart.htm?l=de&c=DE&year=2019&interval=year

32 https://www.oeko.de/fileadmin/oekodoc/PtX-Hintergrundpapier.pdf

33 https://static.agora-energiewende.de/fileadmin/Projekte/2021/2020_01_Jahresauswertung_2020/200_A-EW_Jahresauswertung_2020_WEB.pdf

34 https://energy-charts.info/charts/energy/chart.htm?l=de&c=DE&year=2020&interval=year

35 Siehe Endnote 19

36 https://www.ise.fraunhofer.de/content/dam/ise/de/documents/news/2019/ISE_Ergebnisse_Studie_Treibhausgasemissionen.pdf

37 https://www.c-c-netzwerk.ch/2022/01/28/elektroautos-sind-nicht-klimaneutral/

38 http://s875128239.online.de/wp-content/uploads/2021/06/ZAMM_2021_Accepted_Version-averaging-bias.pdf

39 https://www.sac-group.eu/wordpress/wp-content/uploads/2020/07/Stahl_Automotive_Consulting_Whitepaper.pdf

40 Siehe Quelle 11

41 https://centaur.reading.ac.uk/89320/1/23865144_Papaioannou_thesis.pdf

42 http://www.cogeneurope.eu/images/2018_05_15_FfE_EU-Displacement-Mix_Final-Report.pdf

43 https://treeze.ch/fileadmin/user_upload/downloads/Publications/Case_Studies/Mobility/frischknecht-2014-Argumentarium_Elektromobilitaet_v3.0.pdf

44 https://mobilityintegrationsymposium.org/wp-content/uploads/sites/7/2017/11/3B_5_EMob17_154_paper_Pareschi_Giacomo.pdf

45 https://www.sciencedirect.com/science/article/pii/S0301421516306036

46 https://www.umweltbundesamt.de/sites/default/files/medien/378/publikationen/texte_27_2016_umweltbilanz_von_elektrofahrzeugen.pdf

47 https://www.mdpi.com/2079-9276/5/4/41/htm

48 https://www.oeko.de/oekodoc/2114/2014-670-de.pdf

49 https://www.tab-beim-bundestag.de/themenfeld-energie-und-umwelt_konzepte-der-elektromobilitaet-und-deren-bedeutung-fur-wirtschaft-gesellschaft-und-umwelt.php

50 https://www.econstor.eu/bitstream/10419/68813/1/715297708.pdf

51 https://pubs.acs.org/doi/10.1021/es300145v

52 https://www.erneuerbar-mobil.de/sites/default/files/publications/grundlagenbericht-umbrela_1.pdf

53 https://www.diw.de/documents/publikationen/73/diw_01.c.358257.de/10-27.pdf

54 http://mobil.wwf.de/fileadmin/fm-wwf/Publikationen-PDF/wwf_elektroautos_studie_final.pdf

55 https://www.ifeu.de/wp-content/uploads/Arbeitspapier5_-Elektromobilitaet-und-erneuerbare-Energien.pdf

56 https://www.erneuerbar-mobil.de/sites/default/files/2016-08/nep_09_bmu_bf.pdf

57 https://www.bmu.de/fileadmin/bmu-import/files/pdfs/allgemein/application/pdf/klimapaket_aug2007.pdf

58 https://ra.de/gesetze/bimschv-38-2017/teil-2/abschnitt-2#paragraph-5-anrechnung-von-in-strassenfahrzeugen-mit-elektroantrieb-genutztem-elektrischem-strom

59   https://www.energieverbraucher.de/de/energiewende__1900/NewsDetail__17550/
60   Siehe Quelle 11
61   https://www.agora-verkehrswende.de/fileadmin/Projekte/2018/Klimabilanz_von_Elektroautos/
     Agora-Verkehrswende_22_Klimabilanz-von-Elektroautos_WEB.pdf
62   https://www.ifeu.de/service/nachrichtenarchiv/2030-elektrische-lkw-schlagen-diesel-fahrzeuge-bei-
     kosten-und-klima-deutlich/
63   https://www.nature.com/articles/s41467-021-27247-y
64   https://www.dbresearch.de/PROD/RPS_DE-PROD/PROD0000000000519520/Vorfahrt_der_E-
     Mobilit
     %C3%A4t_vom_Staat_teuer_erkauft.PDF;REWEBJSESSIONID=4B86A707EC316CEC089CD41
     9D820F48F
65   https://theicct.org/sites/default/files/publications/Global-LCA-passenger-cars-jul2021_0.pdf
66   https://www.oeko.de/publikationen/p-details/resource-consumption-of-the-passenger-vehicle-
     sector-in-germany-until-2035-the-impact-of-different-drive-systems
67   https://iopscience.iop.org/article/10.1088/1748-9326/abf8e1/meta
68   https://www.vdi.de/news/detail/co2-bilanz-von-e-fahrzeugen
69   https://co2.myclimate.org/en/offset_further_emissions
70   https://epub.wupperinst.org/frontdoor/deliver/index/docId/7606/file/7606_CO2-neutral_2035.pdf
71   https://www.vdi.de/fileadmin/pages/vdi_de/redakteure/vor_ort/bv/braunschweiger-bv/news/
     News_BV/VDI-Studie_Oekobilanz-Pkw_Internet.pdf
72   https://web.archive.org/web/20210622135257/https://www.oliver-krischer.eu/wp-content/uploads/
     2020/08/deutsch_Studie-EAuto-versus-Verbrenner_CO2.pdf
73   https://www.isi.fraunhofer.de/content/dam/isi/dokumente/sustainability-innovation/2020/WP-01-
     2020_Ein%20Update%20zur%20Klimabilanz%20von%20Elektrofahrzeugen.pdf
74   https://op.europa.eu/en/publication-detail/-/publication/1f494180-bc0e-11ea-811c-01aa75ed71a1
75   https://www.fvv-net.de/fileadmin/user_upload/medien/pressemitteilungen/
     FVV_LCA_Lebenszyklusanalyse_Frontier_Economics_R595_final_2020-06_DE.pdf
76   https://theicct.org/sites/default/files/publications/Vehicle-replacement-programs-COVID-
     Jun2020.pdf
77   https://www.oeko.de/uploads/oeko/oekodoc/PHEV-Report-Market-Technology-CO2.pdf
78   https://www.vdi.de/fileadmin/pages/vdi_de/redakteure/vor_ort/bv/braunschweiger-bv/news/
     News_BV/VDI-Studie_Oekobilanz-Pkw_Internet.pdf
79   https://www.sciencedirect.com/science/article/pii/S030626192030533X
80   https://ec.europa.eu/clima/system/files/2020-09/2020_study_main_report_en.pdf
81   https://www.transportenvironment.org/wp-content/uploads/2021/07/TEs-EV-life-cycle-analysis-
     LCA.pdf
82   https://www.nature.com/articles/s41893-020-0488-7.epdf?
83   https://www.vdi.de/news/detail/co2-bilanz-von-e-fahrzeugen
84   https://epub.wupperinst.org/frontdoor/deliver/index/docId/7606/file/7606_CO2-neutral_2035.pdf
85   https://www.cell.com/joule/pdf/S2542-4351(19)30271-5.pdf
86   https://www.isi.fraunhofer.de/content/dam/isi/dokumente/cce/2019/klimabilanz-kosten-potenziale-
     antriebe-pkw-lkw.pdf
87   https://www.agora-verkehrswende.de/fileadmin/Projekte/2018/Klimabilanz_von_Elektroautos/
     Agora-Verkehrswende_22_Klimabilanz-von-Elektroautos_WEB.pdf
88   https://www.agora-verkehrswende.de/veroeffentlichungen/klimabilanz-von-strombasierten-
     antrieben-und-kraftstoffen-1/
89   https://www.ifo.de/DocDL/sd-2019-12-lessmann-steinkraus-etal-zukunft-der-mobilitaet-2019-06-
     27.pdf
90   https://www.adac.de/-/media/pdf/tet/lca-tool---joanneum-research.pdf?
91   https://www.nextgenerationpolicy.com/fileadmin/user_upload/Fuss/
     Policy_Brief_No_3_PSI_corrected.pdf

92 https://www.sciencedirect.com/science/article/pii/S0306261919307834#!
93 https://emedien.arbeiterkammer.at/viewer/rest/pdf/mets/AC15500376.xml/
Zur_kobilanz_von_EAutos_und_was_die_VerbraucherInnen_darber_erfahren.pdf?
94 https://www.greenpeace.de/sites/www.greenpeace.de/files/publications/
kurzstudie_kraftstoffe_verkehrswende.pdf
95 https://www.sciencedirect.com/science/article/pii/S1361920916307933
96 https://www.eea.europa.eu/publications/electric-vehicles-from-life-cycle
97 https://www.ffe.de/veroeffentlichungen/klimabilanz-von-elektrofahrzeugen-ein-plaedoyer-fuer-
mehr-sachlichkeit/
98 https://www.kfw.de/PDF/Download-Center/Konzernthemen/Research/PDF-Dokumente-Fokus-
Volkswirtschaft/Fokus-2018/Fokus-Nr.-201-M%C3%A4rz-2018-Verkehrswende.pdf
99 https://www.agora-verkehrswende.de/fileadmin/Projekte/2017/Klimaschutzszenarien/
Agora_Verkehswende_Klimaschutz_im_Verkehr_Massnahmen_zur_Erreichung_des_Sektorziels_2
030.pdf
100 https://www.erneuerbar-mobil.de/sites/default/files/2018-09/Teilbericht%201%20O-Lkw-
Technologievergleich-2018.pdf
101 https://www.dovepress.com/getfile.php?fileID=34716
102 https://www.transportenvironment.org/wp-content/uploads/2021/07/TE%20-%20draft%20report
%20v04.pdf
103 http://www.ifo.de/DocDL/ifo_Forschungsberichte_87_2017_Falck_etal_Verbrennungsmotoren.pdf
104 https://www.oeko.de/fileadmin/oekodoc/Klimavorteil-E-Mob-Endbericht.pdf
105 https://www.isi.fraunhofer.de/content/dam/isi/dokumente/cce/2017/
MKS_Machbarkeitsstudie_Hybrid-Oberleitungs_Lkw_Bericht_2017.pdf
106 http://edok01.tib.uni-hannover.de/edoks/e01fn16/871331055.pdf
107 https://www.umweltbundesamt.at/fileadmin/site/publikationen/REP0572.pdf
108 https://www.dlr.de/dlr/Portaldata/1/Resources/documents/2015/
DLR_Stuttgart_STROMbegleitung_Abschlussbericht.pdf
109 https://www.oeko.de/fileadmin/oekodoc/Gesamtbericht-Wirtschaftlichkeit-von-
Elektromobilitaet.pdf
110 https://wupperinst.org/uploads/tx_wupperinst/Elektromobilitaet_TB_Strommix.pdf
111 https://www.academia.edu/24025311/
Electric_cars_technical_characteristics_and_environmental_impacts?email_work_card=view-paper
112 https://www.diw.de/documents/publikationen/73/diw_01.c.358257.de/10-27.pdf
113 https://www.pbl.nl/en/publications/uncertain-environmental-footprint-of-current-and-future-
battery-electric-vehicles
114 https://elib.uni-stuttgart.de/handle/11682/1881
115 https://wupperinst.org/uploads/tx_wupperinst/Elektromobilitaet_TB_Strommix.pdf
116 https://www.agora-verkehrswende.de/fileadmin/Projekte/2018/Klimabilanz_von_Elektroautos/
Agora-Verkehrswende_22_Klimabilanz-von-Elektroautos_WEB.pdf
117 https://www.erneuerbar-mobil.de/sites/default/files/2016-08/nep_09_bmu_bf.pdf
118 https://www.bmu.de/fileadmin/bmu-import/files/pdfs/allgemein/application/pdf/
klimapaket_aug2007.pdf
119 https://www.bmwi.de/Redaktion/DE/Downloads/P-R/regierungsprogramm-elektromobilitaet-mai-
2011.pdf
120 https://www.ifeu.de/wp-content/uploads/Arbeitspapier5_-Elektromobilitaet-und-erneuerbare-
Energien.pdf
121 https://www.oeko.de/oekodoc/1283/2011-413-de.pdf
122 https://www.oeko.de/oekodoc/1342/2011-004-de.pdf
123 https://www.diw.de/documents/publikationen/73/diw_01.c.494890.de/dp1442.pdf
124 https://www.diw.de/documents/publikationen/73/diw_01.c.497933.de/15-10-3.pdf
125 https://www.oeko.de/oekodoc/2160/2014-710-en.pdf

126 https://www.oeko.de/oekodoc/2201/2014-747-de.pdf

127 https://www.ifeu.de/wp-content/uploads/Flottenversuch-Elektromobilitaet-Endbericht-ifeu-final-Rev-Apr2014.pdf

128 https://www.academia.edu/18764630/Elektroautos_in_einer_von_erneuerbaren_Energien_gepr%C3%A4gten_Energiewirtschaft

129 https://www.oeko.de/oekodoc/1342/2011-004-de.pdf

130 https://www.oeko.de/oekodoc/1283/2011-413-de.pdf

131 https://www.ifeu.de/wp-content/uploads/Arbeitspapier5_-Elektromobilitaet-und-erneuerbare-Energien.pdf

132 https://www.ise.fraunhofer.de/content/dam/ise/de/documents/news/2019/Erlaeuterungen_Studie-THG-Emissionen_ISE.pdf

133 https://wupperinst.org/uploads/tx_wupperinst/Elektromobilitaet_TB_Strommix.pdf

134 https://energiesysteme-zukunft.de/themen/debatte/hilft-oder-bremst-der-emissionshandel-auf-dem-weg-zum-kohleausstieg

135 https://makroskop.eu/2019/07/der-co2-deckel-zertifikate-und-die-verwerfungen/

136 https://www.bmwi.de/Redaktion/DE/Publikationen/Ministerium/Veroeffentlichung-Wissenschaftlicher-Beirat/gutachten-energiepreise-effiziente-klimapolitik.pdf

137 https://www.jstor.org/stable/resrep34771

138 https://www.welt.de/wirtschaft/article231155117/Emissionshandel-Klimaschutz-bringt-erste-Firmen-ins-Straucheln.html

139 https://www.faz.net/aktuell/wirtschaft/unternehmen/die-ambitionierten-ziele-der-elektrisierten-autohersteller-16595435.html?premium

140 https://www.spiegel.de/auto/deutsche-autofahrer-stellen-ps-rekord-bei-neuzulassungen-auf-a-742a5bf1-30c5-4eca-8a96-9918b23ccf57

141 https://www.faz.net/aktuell/wirtschaft/unternehmen/die-ambitionierten-ziele-der-elektrisierten-autohersteller-16595435.html?premium

142 Siehe Quelle 11

143 https://derelektroautoschwindel.wordpress.com/2021/12/07/fossilstromautos-werden-noch-viel-starker-subventioniert-als-bislang-bekannt-mit-bis-zu-40-000-e-je-fahrzeug/

144 https://www.dbresearch.de/PROD/RPS_DE-PROD/PROD0000000000519520/Vorfahrt_der_E-Mobilität_vom_Staat_teuer_erkauft.pdf

145 https://derelektroautoschwindel.wordpress.com/subventionswahnsinn-bei-e-autos

146 https://www.faz.net/aktuell/technik-motor/alarm-am-automarkt-16549802.html

147 https://www.faz.net/aktuell/wirtschaft/unternehmen/vw-steigert-gewinn-suv-offensive-ein-voller-erfolg-16543779.html

148 https://www.focus.de/auto/neuheiten/kleinwagen/audi-und-co-stellen-modelle-ein-warum-das-elektroauto-den-bezahlbaren-kleinwagen-abwuergt_id_50966860.html?

149 https://www.umweltrat.de/SharedDocs/Downloads/DE/02_Sondergutachten/2016_2020/2017_11_SG_Klimaschutz_im_Verkehrssektor.pdf?__blob=publicationFile&v=25

150 https://de.wikipedia.org/wiki/Erdgas

151 https://www.uni-goettingen.de/de/document/download/e778b3727c64ed6f962e4c1cea80fa2f.pdf/CO2%20Emissionen_2016.pdf

152 https://gas.info/fileadmin/Public/PDF-Download/dbi-berichtkritische-ueberpruefung-treibhausgasvorketteerdgas_2_.pdf

153 https://www.umweltbundesamt.de/sites/default/files/medien/1410/publikationen/2018-01-30_climate-change_02-2018_roadmap-gas_0.pdf

154 https://www.academia.edu/20744274/Biomethane_CNG_hybrid_A_reduction_by_more_than_80_of_the_greenhouse_gases_emissions_compared_to_gasoline

155 https://www.sueddeutsche.de/auto/vw-erdgas-wasserstoff-auto-1.4828592

156 Erdgas emittiert inklusive Vorkettenemissionen 230 g CO2/kWh (siehe
https://zukunft.erdgas.info/studien/erdgas-in-der-energiewende/methan-emissionen-erdgas/
klimabilanz-von-erdgas). Strom aus Erdgaskraftwerken emittiert etwa 515 g CO2/kWh (siehe
vorherige Quellen). Somit verringert Erdgas die CO2-Emissionen des Elektroautos gegenüber dem
Marginalmix von 2020 (1018 g) um den Faktor 515/1018 ~ 0,5.

157 https://www.umweltrat.de/SharedDocs/Downloads/DE/02_Sondergutachten/
2016_2020/2017_11_SG_Klimaschutz_im_Verkehrssektor.pdf

158 https://www.erneuerbare-energien.de/EE/Navigation/DE/Service/
Erneuerbare_Energien_in_Zahlen/Zeitreihen/zeitreihen.html

159 https://www.accenture.com/de-de/insights/strategy/utilities-emobility

160 https://www.welt.de/wirtschaft/article172139579/Elektroautos-Ladesaeulen-kosten-mindestens-
360-Milliarden-Dollar-bis-2025.html

161 https://www.verkehr.tu-darmstadt.de/media/verkehr/fgvv/prof_boltze/BoVeroeff197.pdf

162 Quelle: https://commons.wikimedia.org/w/index.php?curid=79210338; Von Radosław
Drożdżewski (Zwiadowca21) - Eigenes Werk, CC BY-SA 4.0

163 Siehe dort auf S. 120: https://www.erneuerbar-mobil.de/sites/default/files/2018-09/Teilbericht
%201%20O-Lkw-Technologievergleich-2018.pdf

164 Siehe dort auf S. 92:
https://www.umweltbundesamt.de/sites/default/files/medien/378/publikationen/
texte_30_2015_postfossile_energieversorgungsoptionen.pdf

165 https://www.oeko.de/fileadmin/oekodoc/StratON-O-Lkw-Technologievergleich-2018.pdf

166 https://www.umweltrat.de/SharedDocs/Downloads/DE/02_Sondergutachten/
2016_2020/2017_11_SG_Klimaschutz_im_Verkehrssektor.pdf

167 https://www.isi.fraunhofer.de/content/dam/isi/dokumente/cce/2017/
MKS_Machbarkeitsstudie_Hybrid-Oberleitungs_Lkw_Bericht_2017.pdf

168 https://www.umweltrat.de/SharedDocs/Downloads/DE/01_Umweltgutachten/
2012_2016/2012_06_04_Umweltgutachten_HD.pdf

169 https://www.electrive.net/2019/07/24/auswertung-der-these-zu-lastkraftwagen-an-oberleitungen/

170 https://www.bmvi.de/SharedDocs/DE/Anlage/G/MKS/mks-fachworkshop-ho-lkw-praesentation-
wissenschaftliche-begleitung.pdf

171 https://www.vde.com/resource/blob/1875246/3a4ac5081799af17650c62316c183eb4/studie-
brennstoffzelle-data.pdf

172 https://www.fz-juelich.de/iek/iek-3/DE/_Documents/Downloads/
transformationStrategies2050_studySummary_2019-10-31.pdf.pdf

173 https://www.haz.de/Nachrichten/Wissen/Uebersicht/LKW-mit-Oberleitung-Immer-mit-dem-Strom-
fahren

174 https://www.autozeitung.de/elektro-lkw-schweden-130948.html

175 https://greenspotting.de/2021/11/11/oberleitung-ueber-autobahn-wird-verlaengert/

176 Friedrich, K. Andreas (2014) Batterie oder Brennstoffzelle – was bewegt uns in Zukunft?
Wissensforum Rathaus, 07. Mai 2014, Rathaus Stuttgart (https://elib.dlr.de/92090/)

177 https://www.bmwi.de/Redaktion/DE/Downloads/P-R/regierungsprogramm-elektromobilitaet-mai-
2011.pdf

178 https://www.oeko.de/oekodoc/1283/2011-413-de.pdf

179 http://dip21.bundestag.de/dip21/btd/17/136/1713625.pdf

180 https://de.wikipedia.org/wiki/Hochspannungs-Gleichstrom-%C3%9Cbertragung#HG%C3%9C-
Netze – abgerufen am 8. Mai 2020

181 https://www.bundesnetzagentur.de/SharedDocs/Mediathek/Berichte/2020/
Quartalszahlen_Gesamtjahr_2020.pdf

182 http://mobil.wwf.de/fileadmin/fm-wwf/Publikationen-PDF/wwf_elektroautos_studie_final.pdf

183 https://www.e-netzeallgaeu.de/media/VBEW-Hinweis_E-Mobilitaet.pdf

184 https://www.focus.de/auto/elektroauto/drohende-ueberlastung-der-stromnetze-ab-2021-koennte-strom-fuer-elektroautos-rationiert-werden_id_11388030.html

185 https://efahrer.chip.de/news/um-den-stromnetz-kollaps-zu-verhindern-erstes-land-stellt-e-autos-den-saft-ab_105978

186 Siehe Quelle 179

187 http://mobil.wwf.de/fileadmin/fm-wwf/Publikationen-PDF/wwf_elektroautos_studie_final.pdf

188 https://www.oeko.de/oekodoc/1342/2011-004-de.pdf

189 https://www.oeko.de/fileadmin/oekodoc/Klimavorteil-E-Mob-Endbericht.pdf

190 https://oevk.at/index.php?eID=dumpFile&t=f&f=5181&token=17d3c6b8159a64e99d74fbaa86c39f6157a5e2ef

191 https://www.ka-news.de/wirtschaft/regional/bye-bye-e-auto-kit-professor-erklaert-ist-wasserstoff-der-antrieb-der-zukunft;art127,2770103

192 https://wupperinst.org/uploads/tx_wupperinst/Energiebalance_AP5.pdf

193 https://energy-charts.info/charts/energy_pie/chart.htm?l=de&c=DE&interval=year&year=2021

194 https://www.agora-verkehrswende.de/fileadmin/Projekte/2018/Klimabilanz_von_Elektroautos/Agora-Verkehrswende_22_Klimabilanz-von-Elektroautos_WEB.pdf

195 https://www.motor-talk.de/forum/aktion/Attachment.html?attachmentId=720590

196 https://archiv.wirtschaftsdienst.eu/jahr/2012/8/hat-die-elektromobilitaet-eine-zukunft/

197 https://www.iea.org/reports/covid-19-impact-on-electricity

198 https://www.iea.org/fuels-and-technologies/electricity

199 https://ourworldindata.org/electricity-mix

200 https://www.diepresse.com/6001710/mehr-als-600-kohlekraftwerke-in-fuenf-asiatischen-laendern-geplant

201 http://www.veus-shipping.com/2017/07/die-maer-vom-sauberen-elektroantrieb/

202 ISBN 978-3-86489-731-3 © Westend Verlag GmbH, Frankfurt/Main 2019

203 https://www.umweltrat.de/SharedDocs/Downloads/DE/02_Sondergutachten/2016_2020/2017_11_SG_Klimaschutz_im_Verkehrssektor.pdf

204 https://www.stuttgarter-nachrichten.de/inhalt.bundesumweltministerin-hendricks-wir-brauchen-eine-quote-fuer-elektroautos.4786457f-f126-4208-b841-2f36b53139c2.html

205 https://www.gruene.de/themen/sauber-autofahren – abgerufen im Juni 2020

206 https://www.manager-magazin.de/unternehmen/autoindustrie/elektroauto-bei-batterien-und-rohstoffen-drohen-engpaesse-recycling-wird-nicht-ausreichen-a-56a6c93a-2e9e-4db0-9a11-7e968473ce55

207 https://www.focus.de/auto/ratgeber/kosten/hohe-belastung-fuer-steuerzahler-china-stellt-kaufpraemien-fuer-elektroautos-ein_id_34373210.html

208 https://www.umweltbundesamt.de/daten/verkehr/endenergieverbrauch-energieeffizienz-des-verkehrs#endenergieverbrauch-steigt-seit-2010-wieder-an

209 https://energy-charts.info/charts/energy_pie/chart.htm?l=de&c=DE&interval=year&year=2021

210 https://www.bdew.de/media/documents/PEV_Entw_ab_1991_online_o_jaehrlich_Ki_14012022.pdf

211 https://www.volker-quaschning.de/artikel/Szenario2050/index.php

212 https://www.umweltbundesamt.de/sites/default/files/medien/376/publikationen/rescue_studie_cc_36-2019_wege_in_eine_ressourcenschonende_treibhausgasneutralitaet.pdf

213 https://www.vci.de/vci/downloads-vci/publikation/2019-10-09-studie-roadmap-chemie-2050-treibhausgasneutralitaet.pdf

214 https://energy-charts.info/charts/energy_pie/chart.htm?l=de&c=DE&year=2019&interval=year

215 https://www.tech-for-future.de/energieeffizienz/#Sektorkopplung_PrimaerenergieAnteil_von_Strom,_Verkehr,_Waerme_Prozesswaerme

216 https://www.derstandard.at/story/2000114434250/neues-verfahren-ermoeglicht-klimafreundliche-stahlherstellung; für die österreichisches Stahlindustrie werden dort 33 TWh/a genannt. Das Verhältnis der produzierten Rohstahlmengen zwischen Deutschland und Österreich betrug 2019

39,6 zu 7,42.

217 https://www.nordlb.de/meine-nordlb/research-dokument-847?
cHash=9e803ecf8c7b8daa99764b24f829408c

218 Nature 561,The information Factories, https://www.nature.com/articles/d41586-018-06610-y,
accessed 1.11.2019

219 https://www.wiwo.de/technologie/mobilitaet/analyse-deutschlands-verlangen-nach-wasserstoff-
kann-nur-nordafrika-es-stillen/26687168.html

220 https://www.iwkoeln.de/fileadmin/user_upload/Studien/Gutachten/PDF/2021/
Bereitstellung_von_Wasserstoff_bis_2030.pdf

221 https://www.wasserstoffrat.de/fileadmin/wasserstoffrat/media/Dokumente/
NWR_Wasserstofftransport_WEB-Bf.pdf

222 https://www.umweltbundesamt.de/sites/default/files/medien/378/publikationen/
07_2014_climate_change_dt.pdf

223 https://web-assets.bcg.com/f2/de/1fd134914bfaa34c51e07718709b/klimapfade2-gesamtstudie-
vorabversion-de.pdf

224 https://www.saurugg.net/wp-content/uploads/2021/05/gb-vortragenergiewende-europaset-itkurie5-
5-21.pdf – Folie 10

225 https://de.wikipedia.org/wiki/Liste_der_HG%C3%9C-Anlagen#Inbetriebnahme_bis_einschlie
%C3%9Flich_1945

226 https://www.energie-lexikon.info/elektrolyse.html

227 https://www.now-gmbh.de/wp-content/uploads/2021/08/EPP_Abschlussbericht.pdf

228 https://www.bmvi.de/SharedDocs/EN/Documents/VerkehrUndMobilitaet/cep-mini-flyer-with-
technical-facts.pdf

229 https://www.auto-motor-und-sport.de/tech-zukunft/alternative-antriebe/e-fuels-13-fragen-und-
antworten-synthetische-kraftstoffe-wahrheit/

230 https://www.bp.com/content/dam/bp/business-sites/en/global/corporate/xlsx/energy-economics/
statistical-review/bp-stats-review-2020-all-data.xlsx

231 https://www.frontier-economics.com/media/4297/rpt-frontier-uniti_mwv_effizienz-
antriebssysteme_26-10-2020-stc.pdf

232 https://automotive-opinion.com/2020/06/23/h2-der-kraftstoff-der-zukunft-mit-wasserstoff-kann-
der-verbrenner-ewig-leben/

233 https://www.sac-group.eu/mobility-germany/

234 https://www.auto-motor-und-sport.de/tech-zukunft/alternative-antriebe/synthetische-kraftstoffe-
porsche-intensiviert-e-fuel-forschung/

235 https://www.dlr.de/tt/Portaldata/41/Resources/dokumente/ec/Friedrich_Electromobilitaet.pdf

236 https://www.agora-energiewende.de/veroeffentlichungen/klimaneutrales-deutschland-2045/

237 https://www.dvgw.de/der-dvgw/aktuelles/presse/presseinformationen/dvgw-presseinformation-
vom-15022022-h2-bericht-investition-in-eu-gasverteilnetze-bringen-milliardeneinsparung-bei-
energieinfrastruktur?

238 https://www.brandeins.de/magazine/brand-eins-wirtschaftsmagazin/2011/foerdern/elektroauto-
nein-danke

239 https://der-autokritiker.de/Themen%202018/181219_Automobilsteuer%20einmal%20anders.pdf

240 https://www.energate-messenger.de/news/209472/biomethan-hat-potenzial-von-300-twh

241 Siehe „Hochwirkungsgrad Hybridantrieb für nachhaltige Elektromobilität"; Georg Brasseur,
Technische Universität Graz; https://epub.oeaw.ac.at/0xc1aa5576_0x003b46cd.pdf

242 https://www.agora-verkehrswende.de/fileadmin/Projekte/2018/Klimabilanz_von_Elektroautos/
Agora-Verkehrswende_22_Klimabilanz-von-Elektroautos_WEB.pdf

243 https://www.bmvi.de/SharedDocs/DE/Anlage/G/elektromobilitaetsgesetz-berichterstattung-
2018.pdf?__blob=publicationFile

244 https://www.ifeu.de/wp-content/uploads/Flottenversuch-Elektromobilitaet-Endbericht-ifeu-final-
Rev-Apr2014.pdf

245 https://wupperinst.org/uploads/tx_wupperinst/Elektromobilitaet_TB_Strommix.pdf
246 https://www.diw.de/documents/publikationen/73/diw_01.c.497933.de/15-10-3.pdf
247 https://www.isi.fraunhofer.de/content/dam/isi/dokumente/sustainability-innovation/2019/WP02-2019_Treibhausgasemissionsbilanz_von_Fahrzeugen.pdf
248 https://www.diw.de/documents/publikationen/73/diw_01.c.358257.de/10-27.pdf
249 https://www.isi.fraunhofer.de/content/dam/isi/dokumente/sustainability-innovation/2019/WP02-2019_Treibhausgasemissionsbilanz_von_Fahrzeugen.pdf
250 https://www.umweltbundesamt.de/sites/default/files/medien/378/publikationen/texte_27_2016_umweltbilanz_von_elektrofahrzeugen.pdf
251 https://de.wikipedia.org/wiki/Ceteris_paribus
252 https://www.manager-magazin.de/unternehmen/autoindustrie/elektroauto-co2-bilanz-insgesamt-verschlechtert-sich-a-1246276.html
253 https://www.umweltrat.de/SharedDocs/Downloads/DE/02_Sondergutachten/2016_2020/2017_11_SG_Klimaschutz_im_Verkehrssektor.pdf
254 https://secure.umweltbundesamt.at/co2mon/co2mon.html
255 https://www.heise.de/autos/artikel/Kontroverse-ueber-Kraftstoffe-Wie-sauber-ist-Erdgas-3150215.html?artikelseite=2
256 https://www.bundestag.de/resource/blob/561114/595b2167a4da0db5e89ec0946ba54af3/19-16-68-D_Anhoerung_CO2-Emissionen_ADAC-data.pdf
257 https://www.oeko.de/fileadmin/oekodoc/Klimavorteil-E-Mob-Endbericht.pdf
258 https://www.bundesregierung.de/breg-de/themen/energiewende/einspeisevorrang-614658
259 http://www.gesetze-im-internet.de/eeg_2014/EEG_2017.pdf
260 https://www.bmu.de/fileadmin/Daten_BMU/Pools/Forschungsdatenbank/fkz_um_11_96_106_elektromobilitaet_bf.pdf
261 https://www.ifeu.de/wp-content/uploads/Arbeitspapier5_-Elektromobilitaet-und-erneuerbare-Energien.pdf
262 https://www.umweltbundesamt.de/sites/default/files/medien/378/publikationen/texte_27_2016_umweltbilanz_von_elektrofahrzeugen.pdf
263 https://www.transportenvironment.org/wp-content/uploads/2021/07/TE%20-%20draft%20report%20v04.pdf
264 https://www.automobil-produktion.de/hersteller/wirtschaft/vw-chef-diess-autofahren-mit-kohlestrom-ist-wahnsinn-125.html
265 https://www.faz.net/aktuell/-wirtschaft/unternehmen/vw-stockt-investitionen-ins-elektroauto-deutlich-auf-16487281.html
266 https://www.autobild.de/artikel/vw-jetta-hybrid-test-3728007.html
267 https://de.wikipedia.org/wiki/VW_XL1
268 https://www.faz.net/aktuell/wirtschaft/unternehmen/vw-steigert-gewinn-suv-offensive-ein-voller-erfolg-16543779.html
269 https://www.giga.de/news/e-autos-verlieren-verbraucher-haben-keine-lust-mehr/
270 https://www.automobil-industrie.vogel.de/foerderung-von-e-autos-die-usa-bremst-a-835852/
271 https://www.faz.net/aktuell/wirtschaft/auto-verkehr/pwc-umfrage-deutsche-automanager-setzen-auf-wasserstoff-16657433.html
272 https://www.faz.net/aktuell/wirtschaft/auto-verkehr/verkauf-von-elektroautos-steht-still-16520730.html
273 https://www.faz.net/aktuell/wirtschaft/auto-verkehr/hoehere-praemie-fuer-elektroautos-wird-bis-ende-2025-verlaengert-17428143.html